«Al fin, Louie Giglio ha puesto por escrito el mensaje que Dios le dio hace años... un mensaje que ha formado a una generación de estudiantes, un mensaje que ha enviado ondas de choque a través de la iglesia, un mensaje que tiene el potencial de influir hasta lo más profundo en tu adoración».

ANDY STANLEY
PASTOR DE LA NORTH POINT COMMUNITY CHURCH,
Y AUTOR DE EL LÍDER DE LA PRÓXIMA GENERACIÓN

«No soy un tipo de adoración... *bueno*, al menos así lo creía, pero el libro de Louie me cautivó. Después de leer esto, por fin «entiendo» qué es adorar. Louie me ayudó a darme cuenta que la adoración es una cosa continua, una cosa de la *vida*. Este libro me ha animado. Sobre todo, me siento conmovido por la pasión obvia de Louie por Dios y su don de darle sentido a la adoración».

MICHAEL YACONELLI
PROPIETARIO, ESPECIALIDADES JUVENILES (YOUTH SPECIALTIES)

«Algunas de las enseñanzas más inspiradoras sobre la adoración que haya escuchado jamás han salido de la boca de Louie Giglio. Después de leer *Mi respirar*, puedo decir lo mismo del don de Louie para comunicarse a través de la palabra escrita. Este libro me ha inspirado como adorador y como líder de adoración».

MATT REDMAN
AUTOR DE THE UNQUENCHABLE Y
WORSHIPPER AND THE HEART OF WORSHIP

«No leas *Mi respirar* a menos que quieras volver a examinar tu vida para ver a quién o a qué adoras en verdad cada día».

BILLY RAY HEARN
FUNDADOR DE SPARROW RECORDS

«Con claridad y gran conocimiento, Louie Giglio explora lo que Dios más desea en nuestra adoración. Al leer *Mi respirar* sentirás el reto y la liberación para descubrir que la verdadera adoración comprende inevitablemente quién eres... siempre».

DR. CHARLES F. STANLEY
PASTOR PRINCIPAL DE LA PRIMERA IGLESIA BAUTISTA DE ATLANTA, GEORGIA

«Louie Giglio comunica la verdad cristiana de una manera maravillosamente comprensible y relevante. *Mi respirar* está lleno de gemas que inspiran y animan».

MIKE PILIVACHI
PASTOR DE LA IGLESIA SOUL SURVIVOR, WATFORD, REINO UNIDO

«Este libro es una desafiante advertencia de que nuestra adoración es para Dios y no para nosotros mismos».

BILL HEARN
PRESIDENTE Y JEFE EJECUTIVO DE EMI CHRISTIAN MUSIC GROUP

MI RESPIRAR

[La adoración como forma de vida]

LOUIE GIGLIO

Publicado por
Editorial Unilit
Miami, Fl. 33172
Derechos reservados

© 2004 Editorial Unilit (Spanish translation)
Primera edición 2004

© 2003 por Louie Giglio
Originalmente publicado en inglés con el título: *Air I Breathe, The*
por Multnomah Publishers, Inc.
204 W. Adams Avenue, P. O. Box 1720
Sisters, Oregon 97759 USA

Todos los derechos de publicación con excepción del idioma inglés son
contratados exclusivamente por GLINT, P. O. Box 4060, Ontario, California
91761-1003, USA.
(All non-English rights are contracted through: Gospel Literature
International,
PO Box 4060, Ontario, CA 91761-1003, USA.)

Traducido al español por: Camilo G. Duque

Las citas bíblicas se tomaron de la Santa Biblia, Versión Reina Valera 1960
© Sociedades Bíblicas Unidas; *La Santa Biblia, Nueva Versión
Internacional* © 1999 por la Sociedad Bíblica Internacional; *Dios Habla
Hoy*, la Biblia en Versión Popular © 1966,1970,1979 por la Sociedad
Bíblica Americana, Nueva York; y *La Biblia al Día*
© 1979 International Bible Society. Usadas con permiso.

Producto 495324
ISBN 0-7899-1162-0
Impreso en Colombia
Printed in Colombia

Cualquiera que me conozca
sabe que Shelley es parte vital de quien soy y
de todo lo que hago... incluyendo este pequeño libro.
Juntos queremos que nuestras vidas cuenten para su renombre.
Shelley, tú eres una compañera maravillosa
enviada por Dios en la vida, el amor, la risa y
el ministerio... en la adoración

Contenido

ESO QUE HACEMOS

Tú, amigo mío... ¡eres un adorador!

¡Vaya! Lo dije.

Adoras cada día, todo el día, en cada lugar. Es lo que haces. Es lo que eres.

Así que si por casualidad solo tienes unos pocos segundos para ojear este libro, es de eso de lo que trata. Todos somos adoradores, creados para producir placer y honra al Dios que nos hizo.

Es posible que no te consideres la clase de persona que «adora», pero no puedes sino adorar... algo.

Para eso te hicieron.

Si por alguna razón eligieras no darle a Dios lo que Él desea, de todas maneras adorarás... solo cambiando al Creador por algo que Él ha creado.

LO QUE MÁS VALE DE TODO

Piensa de esta manera: La adoración se trata sencillamente del valor. La definición más sencilla que puedo ofrecer es esta: La adoración es nuestra respuesta a lo que más valoramos.

Es por eso que la adoración es esa cosa que hacemos todos. Es nuestra esencia misma en cualquier día dado. La adoración tiene que ver con decir: «Esta persona, esta cosa, esta experiencia (este lo que sea) es lo que más me importa... es la cosa de supremo valor en mi vida».

Esa «cosa» quizá sea una relación. Un sueño. Una posición. Una condición social. Algo de tu propiedad. Un nombre. Un empleo. Algún tipo de placer. Le llames como le llames, esta «cosa» es lo que has concluido en tu corazón que es lo que tiene más valor para ti. Y lo que sea que tiene mayor valor para ti es, lo adivinaste, lo que adoras.

La adoración es, en esencia, declarar lo que más valoramos. Como resultado, la adoración estimula nuestras acciones, convirtiéndose en la fuerza motriz de todo lo que hacemos.

Y no hablamos solo de la gente religiosa. El cristiano. El que va a la iglesia entre nosotros. Nos referimos a todo el mundo del planeta tierra. Una multitud de almas que proclaman con cada aliento lo que es digno de su afecto, de su fidelidad. Proclamando a cada paso qué adoran.

Algunos de nosotros asistimos a la iglesia de la esquina profesando adorar al Dios vivo por sobre todas las cosas. Otros, que pocas veces ponen un pie en la puerta de la iglesia, dirían que adorar no es parte de su vida porque no son «religiosos». Sin embargo, todo el mundo tiene un altar. Y todo altar tiene un trono.

Así que, ¿cómo sabes dónde adorar y qué adorar?

Es fácil. Solo sigue el rastro de tu tiempo, tu afecto, tu energía, tu dinero y tu fidelidad. Al final del sendero encontrarás un trono; y lo que sea, o quien sea que esté en ese trono, es lo que más vale para ti. En ese trono está lo que adoras.

Seguro, no muchos de nosotros andamos por ahí diciendo: «¡Yo adoro mis cosas. Adoro mi empleo. Adoro este placer. La adoro a ella. Adoro mi cuerpo. ¡Me adoro a mí!».

Con todo, el rastro nunca miente. Es posible que digamos que valoramos esta o aquella cosa más que cualquier otra, pero el volumen de nuestras acciones habla más alto que nuestras palabras.

Al final, nuestra adoración es más sobre lo que hacemos que lo que decimos.

ADORAS... EN CUALQUIER PARTE

> La adoración
> es la actividad
> del alma
> humana.

La adoración es *la* actividad del alma humana.

Por lo tanto, no solo todo el mundo adora, sino que siempre adora. La adoración no es solo una cosa del domingo, es una cosa de todo momento.

En este mismo instante, de un extremo al otro de tu ciudad o pueblo, lo hacen las personas de todas las formas y tamaños, las personas de todas las edades y propósitos, al tomar decisiones a cada momento basándose en lo que más valoran. La adoración sucede en todas partes... durante todo el día.

Es más, algunas de las formas más puras de la adoración se encuentran fuera de las paredes de la iglesia y no hacen referencia al Dios de toda la creación. Todo lo que tienes que hacer es ir a un concierto en un teatro de la localidad o asistir a un partido de algún deporte en un estadio cercano para ver una adoración maravillosa. La gente van por eso: levantan las manos, gritan con gozo, reclaman sus derechos, se paran admirados, declaran su fidelidad. Es interesante que estos lugares estén llenos de las mismas formas de adoración mencionadas en las páginas de la Palabra de Dios, las mismas expresiones de adoración que Dios desea.

Hace varios años, observando una entrevista que Oprah le hacía a Michael Jackson, quedé pasmado por la realidad de esta verdad. De lo que fui testigo mientras se mostraba un videoclip de la gente respondiéndole en los escenarios de concierto alrededor del mundo me abrumó. ¡Hablando de adoración maravillosa!

En las diferentes culturas, las multitudes de personas que ascendían a cientos de miles estaban pegadas como una a cada uno de sus movimientos. En todos los continentes se reunían como un ejército, moviendo las manos en el aire. Algunos caían de rodillas. Otros se esforzaban por extender las manos, con la esperanza de tocarlo por un instante. En mi mente quedó fija la imagen de una jovencita con una mirada de total asombro.

No lo podía creer. Lo que observaba era algo de la adoración más intensa jamás vista... en alguna parte. Mucho más «total» de lo que en gran parte había experimentado dentro de la iglesia.

¿Y para qué? De acuerdo, Michael Jackson es uno de los mejores artistas de nuestro tiempo, pero no es un gran dios. Sin embargo, la adoración fue fenomenal, demostrando la capacidad para adorar dada por Dios que está arraigada en el alma de todo hombre.

CONECTIVIDAD PRECONECTADA

De la misma manera, todos adoramos siempre algo. ¿Y sabes qué? Somos en verdad buenos en eso.

Si lo piensas, la historia no ha conocido escasez de adoración. La vida de la humanidad está llena de billones de pequeños ídolos. Toda cultura, en cada rincón de la tierra, de todas las edades ha tenido sus dioses. Solo viaja alrededor del mundo y observa la adoración. Estudia las grandes civilizaciones y explora sus templos.

La pregunta obligatoria para mí es: «¿Por qué?». ¿Por qué ansiamos algo para adorar? ¿Por qué nos atrae un ídolo tras otro de forma tan insaciable, necesitando con desesperación algo para defender, algo para exaltar, algo para adorar?

¿Cómo sabemos con seguridad que algunas cosas son más importantes que otras, más dignas de adoración? ¿Cómo sabemos siquiera que existen el mérito, la belleza, el valor?

Pienso que esto se debe a que nos diseñaron de esa manera. Nos hicieron *para Dios*.

La Biblia lo dice de esta manera: Todas las cosas se han creado *por medio* de Él; y todas las cosas se hicieron *para* Él[1].

Dios te creó. Y como si eso fuera poco, también te creó *para* Él. Como resultado, existe un radiocompás interno remachado en lo más hondo de tu alma que ansía de forma perpetua a su Hacedor. Un imán interno dirigido hacia Dios, halando tu ser hacia Él.

Con la imagen de Dios impresa, sabemos que hay alguien al cual unirnos, alguien con quien encajamos, alguien a quien pertenecemos, en alguna parte que llamamos hogar.

> Salimos del vientre equipados para la conectividad con Dios con la preconexión para la adoración.

Es por eso que salimos del vientre equipados para la conectividad con Dios con la preconexión para la adoración. Y es por eso que, desde la más temprana edad, comenzamos a adorar.

Llegamos a este mundo como objetos de afecto divino, receptores milagrosos diseñados para traerle placer. ¡Si al menos todos *supieran* que hemos sido creados por

---

1 Puedes encontrar la fuente de información para esta y otras citas al final de este libro.

Dios y para Él! Si al menos comprendiéramos que somos preciosos para Él, alojando almas como espejos diseñadas para reflejar su gloria.

LA PREGUNTA QUE NOS CAUTIVA A TODOS

Mientras escribo, mi vuelo rumbo a casa en Atlanta asciende por encima de la noche de Chicago. Fijo la vista hasta el horizonte y quedo cautivado por las miles de lucecitas que salpican el paisaje hasta donde me alcanza la vista. Innumerables estrellas titilantes de la tierra, cientos de miles de luces de faros. Es como un mar de lucecitas: luces de las calles, luces de las casas, luces de neón... toda clase de luces.

Y estoy pensando, por doquiera que veo luces, que hay gente. Un mar de humanidad. Y cada persona allá abajo es alguien creado con un maravilloso propósito y potencial. Todos formados de manera única a fin de reflejar la belleza y maravilla de su Creador. Cada uno respirando el aire de la tierra de común acuerdo. Cada persona a la que le ha dado la vida... para alabarle.

Y ese es solo el panorama en una dirección, mirando solo sobre una ciudad, en un solo estado, en una nación, en un continente.

Quedo abrumado. A medida que avanzamos en el avión a través del cielo oscurecido, pienso en cómo es posible que esta tierra sea el hogar de miles de millones de adoradores, creados para iluminar la oscuridad con historias de quién es Él. Con ecos de todo lo que Él ha hecho.

Sin embargo, ¿lo saben? ¿Lo sabes *tú*? ¿Sabes en este momento que fuiste hecho por Dios y para Él?

Mientras nos elevamos sobre Chicago, nuestro avión es solo una diminuta mota para cualquiera que pudiera mirar hacia arriba y vernos, un puntito de luz que titila en su ruta a través de la noche. No obstante, esta noche hay aun más personas a bordo. Personas por todas partes.

Al otro lado de mi pasillo, una mujer de mediana edad está investigando en una Biblia bastante usada. (¡No, no lo estoy inventando!) Se inclina hacia adelante a medida que lee, como si supiera que este libro contiene alguna clave secreta. Estoy pensando cómo el mismo Dios que es digno de la adoración de toda la tierra es el autor de las mismas páginas en su mano. Ella sostiene la revelación autobiográfica del corazón de Dios para la humanidad. Allí ante sus ojos está la extensión de la mano de Dios. Y lo devora en grandes trozos, absteniéndose de forma milagrosa de mirar la película *Mi gran boda griega*. Es como si de alguna manera dentro de sus páginas hubiera descubierto el mismo significado de la vida.

Parece que todos al final estamos cautivados por la pregunta del porqué. ¿Por qué estamos aquí? ¿Hay alguna razón para nuestra vida? ¿Hay algo para lo cual estamos destinados de forma única para hacer?

Es el antiquísimo dilema: ¿cuál es el propósito de la vida?

La respuesta comienza y termina con Dios. Dicho con sencillez: tú y yo fuimos hechos por Él y para Él. Tú existes para un solo propósito: reflejarle a Dios su gloria incomparable. Y la experiencia de ese propósito es la verdad que todos buscamos.

Está bien, para ser justos, las cosas han cambiado a bordo. Han pasado cuarenta minutos y la mujer al otro lado del pasillo lee una novela de David Baldacci, enviando miradas furtivas ocasionales hacia la pantalla de la película.

Ah, ah. Los audífonos suenan. Creo que la absorbe la película.

Al parecer, ha visto *Mi gran boda griega* una docena de veces y está teniendo un poco de dificultad para entusiasmarse. No han pasado treinta segundos y ya se está riendo. (No tan fuerte como el tipo que está delante de mí, quien con los audífonos puestos le cuenta punto por punto cada escena al extraño atrapado a su lado).

Después de todo, me imagino que la noche no verá mi milagro. El «pequeño motor de películas que podía» ganar de nuevo. La fuerza imparable de *Mi gran boda griega* sigue vagando. Aun así, ella todavía cosecha crédito por su profunda zambullida dentro de las páginas de la Palabra de Dios, pues al igual que el resto de nosotros, está buscando a Dios y, hasta donde puedo ver, encontrarlo en un avión que viaja a Georgia.

El tipo junto a mí parece dormido. La dama al frente está hablando en lo que suena como con acento de Sudáfrica. La ajetreada aeromoza es alta y rumana. Un hombre de negocios detrás de mí está despabilado y trabaja con frenesí.

Toda esta gente.

¿Saben?

¿Tú lo sabes?

Capítulo 2

ALGO MÁS

*C*reo que la gente sabe que hay algo más, aunque no tengo idea si saben quién es Él.

Una rápida ojeada a la historia me dice que siempre hemos estado buscando.

En el libro de Hechos en el Nuevo Testamento, un resumen histórico sobre la expansión de la iglesia cristiana primitiva, nos encontramos al personaje principal, Pablo, entrando a Atenas para proclamar el evangelio, justo en medio del centro intelectual del mundo conocido, Pablo encontró que Atenas era una ciudad «llena de ídolos».

Es más, Pablo encontró una multitud de ídolos a dioses de todo nombre y descripción. Sin embargo, uno atrapó enseguida su corazón, convirtiéndose en el centro de su mensaje al pueblo ateniense. La inscripción del altar decía: «A UN DIOS DESCONOCIDO».

Aun con todos sus ídolos y altares, estos gigantes y cultos intelectuales querían cubrir todas sus bases, asegurándose de que todas las deidades estuvieran contentas en el caso de que hubiera algo o alguien más. El altar «DESCONOCIDO» permanecía entre ellos, por si acaso sucedía que otro objeto de adoración fuera superior a todos los demás.

Intrigado por la predicación de Pablo, el consejo de los supervisores de la moral conocido como el Areópago lo invitó a hablar ante su asamblea. No le tomó mucho tiempo a Pablo para llegar al punto.

«¡Ciudadanos atenienses!», comenzó elaborando una respuesta sencilla y directa: «Observo que ustedes son sumamente religiosos en todo lo que hacen. Al pasar y fijarme en sus lugares sagrados, encontré incluso un altar con esta inscripción: A UN DIOS DESCONOCIDO. Pues bien, eso que ustedes adoran como algo desconocido es lo que yo les anuncio».

Pablo no encontró un vacío de adoración en Atenas. A decir verdad, no había apatía en su adoración. Solo la incertidumbre. Gente que adora pensando si había algo más.

Mucho se ha cambiado desde la antigua Atenas, sus altares e ídolos antiguos yacen en ruinas. Aun así, los hombres de todas partes siguen buscando... siempre construyendo altares a todo lo que existe bajo el sol. Deseando saber si hay un Dios que uno pueda conocer.

LA SUPREMA BÚSQUEDA

Dios siempre te está buscando. En cada atardecer. En cada cielo azul. En cada ola del mar. En el cielo estrellado de la noche. Él envuelve cada nuevo día con la invitación: «Yo estoy aquí».

Es una clase de revelación accesible a todos: Dios exponiendo sin cesar su poder creativo para todo el que lo observe. Agrega a eso el imán interno al que hemos hecho referencia, y entiendes lo que quiere decir su Palabra cuando manifiesta que Dios colocó la eternidad en nuestros corazones.

De alguna manera, sabemos que Él está allí. La creación que nos rodea nos dice que hay algo más en esta vida que vivir y morir.

Sin embargo, el colorido cielo y la tierra que gira no bastan para contar la historia de Dios. Las huestes celestiales y las

> Dios siempre te está buscando. Él envuelve cada nuevo día con la invitación: «Yo estoy aquí».

maravillas del átomo... una revelación todavía incompleta. El rostro de Dios no se conocería con claridad hasta que apareció su Hijo: Dios en su suprema búsqueda, que se hace presente en carne humana. Dios desciende para restaurar y redimir al hombre caído.

Para nosotros, estemos listos o no, vino Jesús. Para nosotros, seamos dignos o no, apareció Él. Lo aceptemos o no, encontramos sus huellas en el suelo palestino.

Es la historia. Es un hecho. Es ineludible. Jesús vino. Y en sus propias palabras, Él «vino a buscar y a salvar lo que se había perdido».

Dios quiere que tú lo conozcas.

Buscarlo no es como buscar una aguja en un pajar teológico. Él no está oculto. Él no es inescrutable. No es una fuerza misteriosa ni una construcción filosófica que uno no pueda asir ni alcanzar por completo.

Es más, lo opuesto es la realidad. Su Hijo se le apareció a todos de manera corporal. Jesús, «el resplandor de la gloria de Dios, la fiel imagen de lo que él es», caminó por esta tierra a la vista de todos para que todo el que busque a Dios pueda encontrar el camino a Él.

Dios no está oculto. Te ha estado buscando durante muchísimo tiempo.

¿Sabes por qué? Porque Él quiere que tú sepas quién es Él... y también quién eres tú. Desea que sepas que tú eres el objeto de su afecto, creado a su imagen, hecho por Él y para Él.

Quiere que tú sepas que el Dios Desconocido tiene un nombre. Quiere que sepas que el deseo increíble de adorar, arraigado en lo más profundo de tu corazón, se creó para Él.

CONOCE A DIOS

Parado ante los hombres de Atenas, Pablo respiró hondo y reveló el misterio que su audiencia había estado buscando. Habló del «Dios que hizo el mundo y todo lo que hay en él». Y este Dios, dijo Pablo, «es quien da a todos la vida, el aliento y todas las cosas».

Hombres de Atenas, conozcan al Dios de dioses.

Resulta que tenían la razón desde el principio. Había otro Dios mayor que todos sus ídolos, más alto que todos los objetos que habitaban en todos sus altares.

Este Dios es más que poderoso, proclamó Pablo, como para inventar el mundo entero y todo lo que este contiene. Y Él «no vive en templos construidos por hombres, ni se deja servir por manos humanas, como si necesitara de algo». Resulta que después de todo Dios no vive en la iglesia. Por la misma lógica de su inmensidad, se niega a que lo contengan en cualquier templo o estructura.

Qué pena. Me imagino que tenemos que decir adiós a la advertencia que con frecuencia le hacemos a los niños que se vuelven demasiado gritones en la iglesia: «¡SHHhhhhhh! Tú estas en la casa de Dios». ¿De verdad creemos eso o es solo una amenaza ingeniosa, un último recurso después de que hace rato hemos contado hasta tres y todavía no podemos hacer que los niños se calmen?

Aunque en realidad sí se presta para una buena imagen. ¿Puedes ver a Dios en la puerta después del servicio saludando a todos? «Gracias por venir, aprecio que tú hayas venido, gracias por estar aquí, me encanta que hubieras podido venir, espero que lo hayas disfrutado. ¿Estuvo todo bien? Que Dios te bendiga. Ah sí, *Yo soy* Dios, así que solo... ¡bendiciones! ¡Regresa a verme! ¡Que tengas una buena semana!»

¿Es ese Dios? Observando cómo se alejan todos los autos, apagando las luces de la iglesia, acomodándose para pasar una larga y silenciosa semana, quizá tocando un poco el órgano, solo para abrir las puertas de nuevo siete días después. «¡Hola! ¡Encantado de que hayas vuelto! Me encanta verte. ¡Entra!»

No lo creo. Dios no tiene una iglesia fetiche. Es probable que a Él le importe menos el color de la alfombra de lo que pensamos. ¿Por qué? Porque Él es inmenso. El Creador. El iniciador de todas las cosas. Demasiado vasto para permanecer atado a un edificio toda la semana. Demasiado interesado en nuestras vidas para sencillamente observar cómo nos alejamos de su lado. Mucho más digno de nuestro tiempo que solo para una hora de solo un día.

Este Dios desconocido es el Dios suficiente en todo. ¡No necesita nada! Hizo el mundo y todo lo que hay en él. Pablo quería que los hombres de Atenas supieran que Él es el proveedor constante de la vida, del aliento... ¡de todo!

Y quería que supieran que Dios está cerca.

CERCA... AHORA

A decir verdad, Dios está cerca de ti en este mismo instante. Ahora mismo, Él está cerca.

Pablo continuó describiendo a este inmenso e ilimitado Dios. Dijo que Dios «determinó» para todos los seres humanos «los períodos de su historia [la duración de

nuestras vidas] y las fronteras de sus territorios [los detalles de nuestra existencia]».

¿Y con qué propósito? Revísalo:

[...] para que todos lo busquen y, aunque sea a
tientas, lo encuentren. En verdad, él no está lejos
de ninguno de nosotros, «puesto que en él vivimos, nos movemos y existimos».

No es de sorprender que el mundo entero esté lleno
de adoradores. Hasta el último de nosotros se creó con
un alma investigadora, diseñada de esa manera por Dios
para que (como dijo Agustín) nuestros corazones estén
inquietos hasta que encuentren su reposo en Él.

Si tú has estado luchando con las preguntas importantes sobre la verdad fundamental, no te alarmes. Si a veces sientes
que estás avanzando a paso de tortuga en
una noche oscura en la búsqueda de la
casa, no estás solo. A menudo nos parece
que el peregrinaje a Dios es como la búsqueda torpe y a tientas de alguien que
nuestros ojos no pueden ver.

> Hasta el último
> de nosotros
> se creó con
> un alma
> investigadora.

Es por eso que nos reconforta saber que Dios también te está buscando.

Él te está buscando a fin de que puedas saber para lo que te creó. Te está buscando para que le encuentres y lo valores con todo tu corazón.

Te está buscando porque Él es Dios... y sabe que no puedes vivir sin Él.

Eso, amigo mío, nos explica un montón de cosas a nosotros.

Para empezar, explica el porqué adoras y el porqué eres tan bueno para hacerlo. Explica el porqué todo el mundo adora aun ahora.

Y eso explica por qué vino Jesús de forma voluntaria. Vino a conectarnos con Dios y a hacernos ver la posibilidad de centrar nuestra adoración sobre quien más importa y lo que más importa... para siempre.

Capítulo 3

POR QUÉ ES IMPORTANTE LA ADORACIÓN

Cuando el tema es la adoración, hay mucho en juego... porque la adoración es todo lo que se refiere a Dios.

La adoración debe importarte sencillamente porque le importa a Dios. Y la adoración le importa a Dios porque Él sabe que es digno. Entiendo que eso no suena muy persuasivo en nuestra cultura que gira en torno al yo, pero es verdad. La adoración no comienza con nosotros. La adoración comienza y termina con Dios. Y Dios es digno de toda adoración, por parte de todo el mundo, por siempre.

Dios es el centro de todo lo que existe. Por encima de todos los pequeños dioses de la tierra, solo Él es el Creador. El Sustentador. El Autor. El Dador de la vida. El Hacedor de la belleza.

Es por eso que cada atisbo de su presencia a través de todas las páginas de la Palabra de Dios afirma que Él vive en alabanza interminable.

Vislumbra que la hueste de ángeles de Apocalipsis nunca dejan de decir: «Santo, santo, santo es el Señor Dios Todopoderoso, el que era y que es y que ha de venir». Nunca interrumpen. Lo proclaman día y noche. Afirmando siempre su valor infinito.

Y «los cielos cuentan la gloria de Dios, el firmamento proclama la obra de sus manos». ¿Por qué? Porque para eso se crearon, para decirle, día tras día, a Dios (y a cualquiera que esté poniendo atención) que Él es inmenso. Todopoderoso. Glorioso. Infinito.

Más allá de nuestra más desenfrenada imaginación.

¿Y sabes lo que es desenfrenada en realidad? Este Dios imponente, que nunca ha conocido ninguna limitación de adoración, desea ser adorado... *por ti*. Ahora mismo.

No es que Él necesite más adoración para ser digno. No, Dios no puede ser más digno de lo que ya es y siempre ha sido. No es que Dios necesite de nuestra adoración, sino que la desea. Él la desea porque la merece. Y Él la ordena porque hacerlo es la cosa más amorosa que quizá pueda hacer.

Dios sabe quién es Él. Sabe lo que vale. Y sabe que nos hizo para su gloria.

NO DESPERDICIES TU ADORACIÓN

La adoración debería importarte porque eres y siempre serás un adorador. Es lo que haces. No puedes evitarlo. No puedes detenerla. No puedes vivir sin ella. Con todo, puedes elegir dónde la inviertes. Puedes optar por hacer que tu adoración cuente para la eternidad.

Nos crearon para adorar. Es por eso que tú y yo vamos a pasar nuestras vidas declarando el valor de algo. Como resultado, tenemos que cerciorarnos que lo que declaramos ser del mayor valor, después de todo, es digno de verdad.

En mi caso, tengo que estar asegurándome que lo que más importa... es lo que más me importa a mí.

Lo mismo se ajusta a ti. Es imperativo que encuentres un objeto digno de tu afecto. Es esencial que encuentres un Dios digno de la devoción de tu vida.

Solo tienes una vida. Y solo tienes una vida de adoración. Tienes una breve oportunidad en el tiempo para declarar tu fidelidad, para liberar tu afecto, para exaltar algo o alguien por encima de todo lo demás.

No desperdicies tu adoración en algún pequeño dios, desperdiciando tu derecho de nacimiento en ídolos hechos solo con la imaginación humana. Protege tu adoración... y evalúa con cuidado a todos los consumidores potenciales.

La buena elección no significa que no apreciemos las cosas bellas y de estilo. Sin duda, no está mal amar a otro desde lo más profundo. Ni es un pecado valorar un gran empleo ni disfrutar un destino maravilloso.

Sin embargo, cuando elevamos cualquiera de estas cosas al lugar más alto en nuestros corazones, hemos ido demasiado lejos.

¡Grande es el SEÑOR y digno de alabanza, más temible que todos los dioses! Todos los dioses de las naciones no son nada, pero el SEÑOR ha creado los cielos. El esplendor y la majestad son sus heraldos; hay poder y belleza en su santuario.

LA GUERRA POR TU ADORACIÓN

La adoración también es importante porque cada día hay una batalla por tu adoración.

Las cosas que elevamos. Los valores que servimos. Ninguna de esas elecciones se hace en el vacío. Hay una guerra apasionada por nuestra adoración, y ha estado apasionada desde antes de que existiera el tiempo.

Aun antes de que se formara la tierra, uno de los ángeles más elevados de Dios salió como un rayo de su presencia, negándose a unirse a las filas de los verdaderos adoradores, rehusando exaltar a Dios por sobre todo. La historia registra que en un instante Satanás cayó como un relámpago del cielo. Exaltándose más que Dios, a Satanás le prohibieron la entrada a la presencia de Dios. Sin embargo, como estuvo en esa presencia, sabe que Dios es el centro y digno de toda alabanza. Ha escuchado el himno. Ha visto la gloria.

> Cada día hay
> una batalla
> por tu
> adoración.

Aun así, debido al orgullo, no podía inclinarse. Estimulado por el ego, lidera una banda de hermanos caídos, esparciendo su insurrección a tantos como le es posible.

Ahí es donde entramos nosotros.

¿Cómo Satanás promueve hoy su rebelión contra Dios? Al competir con su supremacía a través de toda la tierra, liderando un género traidor a fin de cambiar «la verdad de Dios por la mentira» y adorar y servir «a los seres creados antes que al Creador, quien es bendito por siempre». Satanás no puede permitir que se realice la adoración, sino que engañará a cualquiera que lo autorice, llevándolos a pozos secos y a dioses insignificantes.

Volvamos a verificar con Pablo. ¿Recuerdas su mensaje a los hombres de Atenas? ¿Recuerdas su audiencia? El consejo al que Pablo se dirigió ese día se llamaba el Areópago, denominado así en honor a Ares, el dios griego de la guerra. ¿No es interesante que este sea el escenario que Dios escogió para que Pablo pronunciara su discurso sobre el verdadero significado de la vida? Las palabras de Dios sobre la verdad cayeron en la misma arena donde batallaban las opiniones.

De la misma manera, los mismos ángeles caídos que desafiaron a Dios serán los que desafíen lo que te dice Dios. Ese reto se llama tentación. Engaño. Falsedad. Mentiras. Robo.

¿Sabes lo que Dios más desea de ti? Es la única cosa que ninguna otra persona en la tierra le puede dar: tu afecto. Aunque otras mil personas logren hacer el trabajo, dar el dinero, cubrir la brecha... ningún otro es capaz de darle a Dios el afecto que solo tú y Él pueden compartir.

Con todo, al igual que Dios ansía tu amor, hay un enemigo que procura robarlo.

A estas alturas, quizá te digas: «Yo no inicié esta guerra de adoración, y no me interesa participar en ella.

Solo quiero vivir mi vida, tomar mis decisiones, hacer mis cosas».

Esa, sin embargo, no es una opción. Nuestras vidas son un préstamo de Dios, un sagrado fideicomiso de oportunidades y decisiones. Y cada una de nuestras elecciones se hace en el campo de batalla con ramificaciones celestiales.

LA ÚLTIMA TENTACIÓN

Incluso Jesús enfrentó el mismo destino.

Antes de iniciar su vida pública con su ministerio, el Espíritu de Dios lo llevó al reto del desierto. Ahora, a los treinta años de edad, Jesús se preparaba para todo lo que se avecinaba mediante el ayuno de cuarenta días con sus noches. Aprendía lo que significa depender de su Padre. Se asía a Él por la misma vida.

Mientras su ayuno llegaba a su fin, Jesús estaba agotado físicamente, pero bien cortante en lo espiritual. El enemigo, sin duda viendo que Jesús se veía cansado, se le acercó con tres fortísimas tentaciones.

Tú recuerdas la primera: «Si tienes hambre, convierte estas piedras en pan».

Y la segunda: «Si eres el Hijo de Dios, salta de lo alto del templo. Sin duda, tu Padre te atrapará mucho antes de que caigas a tierra».

Entonces observa la última tentación. Fue un intento de prevalecer sobre la adoración a Cristo.

Satanás le ofreció a Jesús todos los reinos del mundo si Jesús se inclinaba y le adoraba. ¿En qué pensaba Satanás? Pedirle al Hijo de Dios que se inclinara y adorara a un tonto exiliado del cielo, alguien destinado a morir, alguien desterrado a un futuro eterno vacío de la belleza de los sonidos de los ángeles... ¡hablando de ser engañado!

> Cualquier cosa que adores, lo imitas; cualquier cosa que imites, en eso te conviertes.

La respuesta de Jesús fue clara. «Escrito está: "Adora al Señor tu Dios y sírvele solamente a él"».

Tu adoración le importa a Dios. Si no fuera así, a Satanás no le importaría robársela.

Así que mantén tu mente saturada de la verdad y guarda con diligencia el templo de tu corazón.

TEN CUIDADO CON LO QUE ELIGES

Hay una razón más por la que la adoración debe importarte de verdad: cualquier cosa que adores, en eso te conviertes.

Puedes adorar lo que quieras, pero siempre habrá un último giro en la historia: Cualquier cosa que adores, lo imitas; cualquier cosa que imites, en eso te conviertes.

En otras palabras, cualquier cosa que valores más al final determinará lo que eres.

Si adoras el dinero, te volverás codicioso en tu corazón. Si adoras algún hábito pecaminoso, ese mismo pecado atrapará tu alma y envenenará tu carácter hasta la muerte. Si adoras las cosas materiales, tu vida se volverá material, vacía de significado eterno. Si das toda tu alabanza al dios «tú», te convertirás en un diosillo decepcionante tanto para ti como para todos los que confían en ti.

Escucha al salmista: «La gloria, SEÑOR, no es para nosotros; no es para nosotros sino para tu nombre, por causa de tu amor y tu verdad». Luego viene esta observación: «Nuestro Dios está en los cielos y puede hacer lo que le parezca».

Entonces, por contraste, provee esta revelación de los ídolos que los hombres hacen y eligen:

Pero sus ídolos son de oro y plata, producto de manos humanas. Tienen boca, pero no pueden hablar; ojos, pero no pueden ver; tienen oídos, pero no pueden oír; nariz, pero no pueden oler; tienen manos, pero no pueden palpar; pies, pero no pueden andar; ¡ni un solo sonido emite su garganta!

Un resultado no muy alto para los dioses hechos por el hombre. No obstante, aquí va el argumento decisivo:

Semejantes a ellos son sus hacedores, y todos los que confían en ellos.

Dicho con sencillez: Nos convertimos en lo que adoramos. Si no te gusta la forma que estás adoptando, haz un pequeño inventario de las cosas en el trono de tu corazón.

Capítulo 4

LO QUE DIOS MÁS DESEA PARA TI

Dios te ama mucho. Sin embargo, Dios también se ama porque hacer algo menos significaría no ser Dios. Más que cualquiera de nosotros, Él sabe cuánto vale. Sabe que es Dios. Sabe que es primordial. Como resultado, se valora al máximo.

No, Él no es egoísta, ni tiene más alto concepto de sí que el que debe tener. Es el único Dios que piensa de sí mismo como Él que es en verdad.

Con todo, la posición central de Dios no lo ha detenido para amarte con el mayor amor conocido por el hombre. Y mediante la muerte de su Hijo, Dios abrió el camino para que tú regreses a sus brazos amantes, seas limpio y perdonado debido al precio que Él pagó en la cruz de Jesucristo.

Donde una vez tu espíritu estaba muerto debido al pecado, Dios procura despertar de nuevo tu alma a la vida, dándote la capacidad para caminar en la intimidad con Él. Restaurando tu habilidad para adorarle de todo corazón.

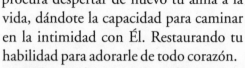

Lo que Dios más desea para ti es que tengas un Dios digno.

Dios nos dice que nos redimió «para que proclamen las obras maravillosas de aquel que los llamó de las tinieblas a su luz admirable». A Dios le gusta convertir a los rebeldes en adoradores, ¿pues qué le daría más gloria que eso?

Lo que Dios más desea para ti es que tengas un Dios digno. Solo entonces vivirás una vida plena y satisfactoria.

QUIÉN, NO DÓNDE

Dios no exige expresiones elaboradas ni adornadas. La adoración que busca es que sea en espíritu y en verdad. Genuina. Auténtica. Adoración del corazón.

Así lo expresó Jesús en una conversación que tuvo con la samaritana una tarde mientras descansaba junto al pozo de la comunidad.

Pronto, en su charla, Jesús reveló su conocimiento sobre los asuntos personales de ella. (Después que mencionó que no era casada, Él le indicó que en realidad había tenido cinco esposos, y que el hombre con el que vivía ahora tampoco era uno de ellos). Eso le indicó de inmediato que este hombre tenía alguna clase de sabiduría especial. Ella también lo aprovecharía.

Enseguida le hizo una pregunta que era evidente que la había estado molestando durante algún tiempo. Su pueblo (los samaritanos) adoraba en un monte, el pueblo de Él (los judíos) en otro. ¿Quién tenía la razón? ¿Cuál monte era mejor? ¿Dónde debía adorar ella?

Para un completo extraño que sabía todo lo de su vida pasada, esta pregunta sencilla «dónde» no debería ser muy difícil. ¿Correcto?

Pero como lo hemos venido esperando, Jesús llevó el tema a otro nivel, respondiendo una pregunta básica de «dónde» con una respuesta remachadora de «a quién».

He aquí su respuesta:

Créeme, mujer, que se acerca la hora en que ni en este monte ni en Jerusalén adorarán ustedes al Padre. Ahora ustedes adoran lo que no conocen [piensa el DIOS DESCONOCIDO]; nosotros adoramos lo que conocemos, porque la salvación proviene de los judíos. Pero se acerca la hora, y ha llegado ya, en que los verdaderos adoradores rendirán culto al Padre en espíritu y en verdad, porque así quiere el Padre que sean los que le adoren.

Dios es espíritu, y quienes lo adoran deben hacerlo en espíritu y en verdad.

¡Increíble!

Después de eso, me sorprende que la mujer lograra reponerse para hablar, pero lo hizo: «Sé que viene el Mesías, al que llaman el Cristo [...] Cuando él venga nos explicará todas las cosas».

(A lo que yo digo: «¡Señora, ya está bastante cerca!»).

Y a lo que Jesús respondió: «Ese soy yo, el que habla contigo».

Jesús vino. El Mesías está aquí. Y anuncia que la adoración no se trata de dónde se hace, sino se refiere al corazón. No es con respecto a qué iglesia perteneces, sino de si tienes o no una relación personal con Dios.

El tipo de adoradores que Dios busca son los que le adorarán como a su Padre: en espíritu y en verdad.

Adorar a Dios *en espíritu* exige que estemos vivos por dentro, experimentando la vida que Él da mediante el nacimiento espiritual. Sin su vida, nunca puedes adorar de veras.

Y adorar *en verdad* significa adorar a Dios como es Él en realidad y trayendo más que nuestras palabras... trayendo palabras engrandecidas mediante una vida auténtica que fluye debido a que se está vio por dentro en lo espiritual.

DESPIERTA A LA INVITACIÓN DE DIOS

No obstante, ¿cómo logras esa vitalidad interna? ¿Cómo es posible que adoremos en espíritu y en verdad?

Observa cómo comienza Jesús su respuesta. De qué forma empieza la invitación de Dios para toda una nueva manera de adorar. Jesús comienza con la palabra: «Créeme».

Para todos nosotros, allí es donde comienza la verdadera adoración.

Este domingo pasado en la iglesia, me quedé sorprendido de nuevo por la bondad de Dios. En este domingo especial no fue el mensaje del pastor lo que me llegó, aunque su mensaje fue maravilloso como siempre. No fue la música, ni siquiera fue el «tema mundial» del día, aunque eso estimuló de nuevo mi pasión por la gloria de Dios sobre toda la tierra.

No, en este domingo especial la historia para mí fue la de una mujer cantando en un pequeño coro que respaldaba la banda de adoración. Estábamos todos parados y adorando mediante la versión de David Crowder de «Haced un ruido gozoso» y el lugar se estremecía. A medida que cantábamos, la cámara enfocó a una dama en el coro de nombre Lori. Adoraba a Dios con pasión y una sonrisa inmensa que reflejaba con hermosura el gozo del que cantábamos.

A medida que la cara de Lori llenaba la gran pantalla, mis ojos se llenaron de lágrimas.

Conozco a Lori desde «7:22» (una reunión de estudio bíblico del cual formo parte aquí en Atlanta). Dirigido hacia jóvenes solteros, todas las semanas «7:22» atrae a miles de ellos para adorar desde todos los confines de nuestra ciudad. Siendo una madre de edad madura, Lori no encajaba precisamente dentro del perfil demográfico. No obstante, su hijo adolescente seguía invitándola y al final vino.

Lori era divorciada. Estaba herida. Y estaba perdida en lo espiritual.

Algo relacionado con el lugar la hizo sentirse como en casa. El espíritu que percibió entre nosotros la atrajo. Muy pronto sus ojos se abrieron al amor y la gracia de Dios, y un martes de primavera por la noche, Lori se comunicó de forma personal con Dios. Orando con sencillez, puso su fe en Cristo para la vida eterna. En un instante revivió, iniciando un nuevo viaje con Dios.

Pues bien, esa parte de la historia es lo suficiente maravillosa... pero se pone mejor. Resulta que el ex esposo de Lori también estaba en la búsqueda. Su viaje es como el de tantos: una niñez arruinada y de sueños destrozados, con heridas graves y profundas conduciéndole por todos los callejones sin salida del planeta. En sus propias palabras, era un «caso grave». Un caso perdido.

Aun así, la transformación que estaba sucediendo en la vida de Lori era demasiado para obviarla, y pronto le abría su corazón al Salvador y se unía a las filas de «7:22». Él también se convirtió en seguidor de Cristo.

Dios comenzó a restaurar la relación entre ellos, y alrededor de un año después de que Lori se convirtiera al cristianismo, se volvieron a casar. Ambos comenzaron a venir a nuestra iglesia los domingos, y ambos se bautizaron, una expresión de su nueva vida en Cristo.

Un matrimonio salvado. Vidas restauradas. Una familia sanada. Y dos corazones vivos por completo para adorar al Dios que los hizo.

Ahora aquí está Lori, en el coro, ¡guiando a la iglesia en la adoración al Dios vivo!

¿Cómo podríamos esperar menos de Dios? Él siempre le está devolviendo la vida a los muertos. Les da a los perdidos un propósito infinito. Cambia a los rebeldes en adoradores. Despierta la alabanza del abismo. Pone una canción de

> Dios cambia siempre a los rebeldes en adoradores.

verdadera adoración en nuestros corazones. Nos permite adorarlo como Dios... y Padre.

Es como dijo David: «Puse en el SEÑOR toda mi esperanza; él se inclinó hacia mí y escuchó mi clamor. Me sacó [...] del lodo y del pantano; puso mis pies sobre una roca [...] Puso en mis labios un cántico nuevo, un himno de alabanza a nuestro Dios».

Al observar a Lori entonar un canto nuevo esa mañana quebrantó mi corazón con lágrimas de gozo.

Es de eso de lo que trata el poder del evangelio.

LA CRUZ EXCELSA

Aun así, una transformación tal en la vida de cualquiera viene con un precio muy alto. Dios no nos permite adorarle gratis. Nuestra adoración le costó la vida de su único Hijo. Sacarnos de muerte a vida exigió que alguien, fuera de nosotros, pagara la máxima pena por nuestro pecado.

Es por eso que al centro de toda verdadera adoración se levanta en la cruz excelsa... esa en que murió el Hijo de Dios.

Entonces, ¿cómo se puede decir que esa cruz es excelsa? ¿No es una escena de vergüenza? ¿No es su madero un lugar de sufrimiento?

Sin duda. La cruz romana era un cruel y doloroso final. Era un lugar de ejecución. Clavos oxidados. Carne horadada. Respiración jadeante.

La cruz significó humillación. Juicio. La cruz fue agonía. Un lugar en el que la gente colgaba hasta que cesaban la respiración y los latidos del corazón.

Jesús experimentó la muerte más horripilante imaginable. No hay nada maravilloso en cómo murió Él. Lo maravilloso de la cruz es el *porqué* murió Él.

Algo en verdad maravilloso sucedía ese día cuando Dios ofreció un rescate para el mundo entero: Jesús se *convirtió* en pecado y vergüenza, sufriendo y muriendo por ti y por mí.

Para algunos, quizá le parezca que a Jesús lo incriminaron falsamente por medio de los tribunales de justicia y lo llevaron obligado a morir entre criminales comunes. Sin embargo, eso no es así.

Nadie tomó la vida de Jesús. Él la entregó, de forma voluntaria, satisfaciendo la ira de un Dios santo. Eligió la cruz para demostrar que Dios es amoroso y justo. Entregó su vida a fin de que recibiéramos de nuevo la nuestra. Es posible que los hombres le clavaran las manos y los pies, pero Él murió porque Dios sacrificaba a su único Hijo.

La cruz fue el fin determinado por el Padre para su Hijo. La cruz fue la idea de Dios... el plan de redención de Dios. La cruz fue la manera en que se abriría la puerta. La cruz fue la única forma en que los rebeldes lograrían alguna vez volver a adorar en verdad.

Sí, es una cruz manchada de sangre, pero una cruz excelsa. A decir verdad, es la cosa más linda que se haya visto jamás.

> En la cruz de Cristo es donde comienza la verdadera adoración.

La cruz de Cristo es una cruz de sanidad. Un lugar de amor incondicional. Un lugar de dulce adopción. Desde su cruz suena el canto de la salvación, declarándonos a todos que vino la redención. De ella fluye gratis el perdón. La cruz de Cristo es un lugar de paz.

Y el lugar en el que comienza la verdadera adoración.

Es más, en el mismo momento que moría Jesús, la adoración estaba muy cerca.

¿Recuerdas la historia? Un centurión romano estaba parado allí, cumpliendo con su obligación mientras Jesús exhalaba su último aliento. Cuando Jesús murió, los cielos retumbaron y se oscurecieron, y la tierra tembló con pavor. Toda la creación se estremeció al verlo.

Entonces, siendo testigo del mayor acto de misericordia que la historia ha conocido, este soldado romano, quien con sus compañeros había desvestido, golpeado, se había burlado y crucificado a Jesús, se vio obligado a proclamar: «¡Verdaderamente este hombre era el Hijo de Dios!».

¡Maravilloso! Este aparente enemigo de Cristo fue el primero de muchos en tener sus ojos abiertos a la historia de la redención de Dios. Fue el primero entre nosotros en ver la maravilla de todo esto.

Y en un palpitar, allí mismo en medio del hedor y la tristeza, comenzó la adoración al pie de la cruz.

ÚNETE A LAS FILAS DE LOS VERDADEROS ADORADORES

$\mathcal{M}$i esperanza es que en alguna parte de las páginas de este libro te encuentres cada vez más cerca de aquellos que Jesús llama «verdaderos adoradores», los que adoran al Padre de corazón con todo lo que son... con todo lo que tienen.

Es posible que seas como la mujer que conoció Jesús en el pozo aquel día: más preocupado con tu «lugar» de adoración que del Dios que encuentras allí.

O quizá seas como lo fue Lori una vez, sintiéndose alejada del amor de Dios.

Tal vez solo estés despertando a la idea de la adoración por primera vez, solo dándote cuenta ahora que es eso que has estado haciendo durante toda tu vida. Solo percibiendo ahora que necesitas cambiar la dirección de su flujo.

O a lo mejor eres un amante apasionado de Dios, pero frustrado por la presencia de pequeños ídolos que has guardado por algún lugar demasiado tiempo.

Para todos nosotros, el tiempo para la verdadera adoración es ahora. La puerta está abierta. El precio se pagó. Jesús está aquí.

DAR UN PASO

Así que mientras todo el mundo está ocupado glorificando quién sabe qué, Dios está invitando a todos y cada uno a unirse a las filas de los verdaderos adoradores: los que comienzan a descubrir la conexión entre el valor infinito de Dios y su anhelo supremo por amar algo.

Comenzamos este libro viendo que la adoración es nuestra respuesta a lo que más valoramos. Esa es la definición básica, la definición elemental que describe la clase de adoración que todo el mundo hace a cada momento. No difiere de la definición del diccionario como «devoción extrema o amor intenso o admiración de cualquier clase».

Sin embargo, ahora vamos a profundizar. Ahora vamos a dar un paso de la adoración a cualquier dios que cuelga ante nuestra vista para responder a la invitación del incomparable Dios de dioses. En este momento nos referimos a un tipo de adoración que es permanente y verdadera. El tipo para el que nos hicieron. La adoración que honra a Dios y nos satisface a nosotros.

Para esto necesitamos una definición mayor, una que nos lleve a profundizar mientras nos movemos hacia una vida de verdadera adoración.

Aquí vamos:

La adoración es...

nuestra respuesta,

personal y colectiva,

a Dios:

¡por quien es Él!

¡y lo que Él ha hecho!

expresado en las cosas que decimos

y por las cosas que decimos

y la manera en que vivimos.

De acuerdo, en verdad no es fácil de retener, ni concisa. Ahora bien, repito, no estamos analizando un tema pequeño. La definición quizá sea un trabalenguas, pero me gusta. Y a medida que ahondo para descubrir su significado, descubro mucha tela por donde cortar.

En pocas palabras, dice que la verdadera adoración es una respuesta de toda la vida a la grandeza y la gloria de Dios.

ES ALGO QUE HACES

Adorar es un verbo, al menos eso es lo que el autor Robert Webber dice en su libro con el mismo título.

Creo que tiene razón. Hablando de manera práctica, adorar siempre es un verbo. Adorar es algo que tú haces.

Adorar no es algo que *observas*, contrario a lo que pensamos muchos de los que asistimos a la iglesia. Eso quizá sea difícil de creer, dado que en la mayoría de las iglesias las filas de los asientos (o bancas) están colocadas con las líneas visuales en mente. Las luces también indican el escenario. Y para ayudarte con tu placer de observar, se te entrega un programa en la puerta, una tarjeta con la alineación de lo que está sucediendo al frente en el «espectáculo» de hoy, si así lo prefieres. Después de todo, está montado para ti, ¿no es así?

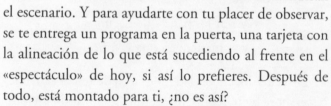

Adorar es algo que tú haces. No es algo que observas.

Entonces, hay una noticia de última hora para ti. Adorar no es algo a lo que asistes, como a una película o a un concierto. Adorar es algo a lo cual entras con todas tus fuerzas. Adorar es una actividad de participación en una cultura de espectadores.

Revisa los Salmos, es el libro más largo en toda la Biblia y el único que trata de forma casi exclusiva con el asunto de la adoración. Los salmos están llenos de verbos:

Aclamar a Dios.	Cantarle una canción nueva.
Danzar ante Él.	Aplaudir.
Inclinarse.	Elevar la cabeza.
Anunciar su poder.	Temer al Señor.
Meditar en su verdad.	Seguir sus caminos.
Aquietar tu corazón.	Derribar tus ídolos.
Correr a Él.	Hacer ruido.
Elevar tus manos.	Alabar con sonidos de trompeta.
Alabar con címbalos sonoros.	Empezar a tocar la banda (está bien, para uno que esté un poco modernizado).
Buscar su rostro.	Proclamen las naciones.

La verdadera adoración es una respuesta de la vida entera a la grandeza y la gloria de Dios. Una respuesta que penetra en nuestra mente, nuestra alma, nuestro corazón... y en toda nuestra fuerza.

NO COMIENZA CON NOSOTROS

Pienso que la palabra clave en nuestra nueva definición es *respuesta*.

Adorar es nuestra respuesta a Dios. En otras palabras, no iniciamos la adoración; Dios lo hace.

Él revela; nosotros respondemos.

Él descubre; nosotros respondemos.

Él quita el velo; nosotros respondemos.

Él decide mostrarnos cuán maravilloso es Él; nosotros decimos: «¡Dios, tú eres maravilloso!».

Toda nuestra relación con Dios obra de la misma manera:

Él ama. Nosotros amamos a cambio.

Él llama. Nosotros respondemos.

Él guía. Nosotros seguimos.

SI AL MENOS ESTUVIERAS ALLÍ

Hace varios años Shelley y yo estábamos en un campamento de jóvenes en Texas, pasando el rato una tarde en la piscina de la escuela secundaria. (Sí, tenían su propia piscina; ¡los de la escuela intermedia una vez más se quedan con la peor parte!). Unos cincuenta estudiantes estaban en el extremo poco profundo mientras cuatro o cinco de sus amigos hacían una exhibición de clavados en el otro.

La piscina de este campamento todavía tenía un trampolín alto (uno de los pocos que quedan en nuestra era de litigios). Y los pocos valientes se turnaban y divertían a los demás. Recuerdo a dos de ellos como si estuviera sentado allí ahora.

Uno era muy especial. Debía haber sido un gimnasta: era excelente y hábil, con el «cabello perfecto» para piscina e incluso en mejor forma. Un clavado típico para él comenzaba con la «pausa olímpica» en el mismo borde del trampolín, continuando con varios contoneos y vueltas y saltos mortales. Como un misil penetraba en el agua, luego nadaba con rapidez a un lado, se echaba hacia atrás y sacudía el maravilloso cabello mientras se pavoneaba muy campante hacia la escalera.

Era presumido, pero bueno.

Sin embargo, otro tipo se robaba el espectáculo. No podía hacer los clavados como el «muchacho bonito» si tuviera que hacerlo, pero eso apenas importaba.

Era robusto, lleno de vida, un bebé grande, y vestía pantalón corto amarillo de surf que le llegaba bien abajo de la rodilla. Después de cada uno de los intentos sucesivos del señor Maravilla, aparecía este tipo. No muy brillante, pero aun así intrépido, volaba del trampolín como un loco.

¿Te lo imaginas? En este turno en particular, el tipo del pantalón amarillo estaba haciendo una «sandía» desde quince pies de altura, procediendo a salpicar a todos en el extremo poco profundo de la piscina.

Todo el mundo se ríe. Todo el mundo sonríe. Hace que la tarde sea muy divertida en la piscina de la escuela secundaria.

Entonces, en su siguiente intento, las cosas se ponen feas. Enseguida.

Esta vez vuela por los aires con un poco más de impulso, pero de inmediato se hace aparente a todos que no ha pensado del todo en esta maniobra antes de abandonar el trampolín.

Pronto se encuentra en la mitad del vuelo, perpendicular al agua, sin más giros y cayendo. Con la cara hacia arriba y estirado, ha perdido la batalla con la gravedad... y la piscina se acerca por segundos.

En este punto volví mi atención a la audiencia en el extremo poco profundo de la piscina. Por las expresiones en sus rostros, podía decir que algo terrible estaba a punto de suceder. Sus ojos se abrían cada vez más. Un silencio espeluznante se produjo en toda la piscina.

Luego lo escuché: ¡PUMBA! Ya lo has escuchado antes: el horrible sonido de un cuerpo humano que golpea con fuerza contra el agua.

De inmediato, como si de alguna manera las mentes de todos los espectadores se hubieran vuelto una, un gemido salió de lo profundo de cada persona: *¡AAAHHhhhhhh!*

Fue una de las cosas más angustiosas que jamás viera hacer a los adolescentes.

Era como si los guiaran, casi como si alguien les hubiera comentado una jugada tras otra y luego orquestara su respuesta: «Bueno, atención todos, ¡está bajando! Está a cuatro metros y desciende como plomo... tres metros, estoy pensando feo... dos metros, alístense a gemir... un metro, va a caer duro... medio metro, va a ser una caída grave... treinta centímetros... vamos todos a escucharlo... ¡AHORA!».

¡AAAHHhhhhhh!

Sin embargo, ese día no había director allí que les dijera a los estudiantes qué hacer y cuándo hacerlo. Lo que hicieron fue natural, la respuesta más apropiada a lo que veían. Fue espontáneo. Verdadero.

Y no importa qué tan vívidamente trate de describir lo sucedido en esa tarde de verano, no sería posible lograr que tú respondieras con la misma agonía e intensidad que

> La adoración es lo que fluye de nosotros de forma espontánea cuando nos encontramos cara a cara con Él.

ellos. Sin duda, es posible que te sobresaltes un poco al escuchar el caso; pero para responder de la forma que lo hicieron en ese momento tendrías que haber visto lo que ellos veían.

ELEVA LOS OJOS

Lo mismo que fue cierto en la piscina esa tarde es cierto en nuestra adoración hoy. A menos que veamos a Dios, no podemos adorarlo. La adoración es lo que fluye de nosotros de forma espontánea cuando nos encontramos cara a cara con Él. Es la respuesta natural a todo lo que es Él. Nuestra respuesta no calculada por todo lo que ha hecho.

Claro, recibimos una cantidad monumental de la experiencia de adorarle, pero en su esencia, adorar es todo respecto a Dios. Es *para* Él. Nuestra adoración es *hacia* Él.

Ese es el porqué decimos:

> La adoración es...
> *nuestra respuesta,*
> personal y colectiva,
> *a Dios*:
> ¡por quien es Él!
> ¡y lo que Él ha hecho!

En los Salmos, muy a menudo encontramos expresiones muy similares a esta: «Grande es el SEÑOR, y digno de toda alabanza». Cuando lo destilas todo, la verdadera adoración es sencillamente captar la visión de la grandeza, la majestad, el esplendor, la gloria y la gracia de un Dios infinito.

Cuando a Dios no se le da toda la alabanza, es solo porque no creemos que sea un Dios tan grande. Cuando nuestra adoración es pequeña, es porque nuestro concepto de Dios es pequeño. Cuando ofrecemos sacrificios pequeñitos, es porque nosotros, de alguna manera, lo hemos reducido en nuestros corazones a un Dios pequeñito. Nuestra visión se ha nublado, nuestros corazones se han distraído.

Como resultado, nuestras vidas se marchitan hasta la insignificancia y el sin sentido. Solo nos golpeamos junto con esta masa de humanidad, sin tener una verdadera clave de lo que es la vida. Nos consumimos. Nos deprimimos. Nos preocupamos y nos desfiguramos. Andamos por toda clase de callejones sin salida mientras tratamos de lograrlo todo por nuestra cuenta.

Perdemos de vista la realidad de todas las realidades: Hay un Dios infinito, ilimitado, alto y exaltado en su trono, gobernando con todo poder y autoridad sobre los cielos y la tierra. Un Dios que todavía dirige el espectáculo... dirige nuestras vidas y dirige todo el universo en su horario.

Y en este mismo momento, mientras sostiene galaxias enteras en su lugar por su poder, también nos invita en cualquier hora del día o de la noche a elevar nuestros ojos y a contemplarle como es Él.

Capítulo 6

POR LO QUE ES, POR LO QUE HACE

¿*Cómo* rescatamos en nuestras vidas una visión más exaltada de Dios? ¿Cómo nos convertimos en los verdaderos adoradores para lo cual nos diseñaron? ¿Cómo restablecemos nuestro enfoque hacia la apreciación de cómo es Dios?

La respuesta es que no podemos. Eso es, no podemos hacerlo por nuestra cuenta. A menos que Dios mismo nos muestre quién es Él, no seremos capaces de responderle con verdadera adoración desde nuestros corazones.

Dios se revela... a fin de que podamos responder. En una adoración auténtica y natural.

Por lo tanto, ¿qué nos está mostrando? Si la adoración auténtica es la respuesta natural a lo que ha revelado Dios... ¿qué es justo lo que nos ha revelado de Él mismo?

Pues bien, este libro, y miles como él, nunca podrían contener la suma total de su grandeza y valor. No hay manera que logremos comprenderlo todo.

No obstante, hay mucho que *podemos* saber. A decir verdad, lo suficiente como para mantenernos adorando toda la vida.

Por ahora, solo pensemos en dos facetas de su carácter que nos revelan su corazón a ti y a mí.

INFINITAMENTE ADMIRABLE

Sabemos que Dios es infinitamente admirable.

Este Dios con quien tratamos no es de poca monta. No es de nuestro tamaño. Ni siquiera algo mayor. No está hecho de la misma materia que nosotros. No tiene que enfrentar nuestras barreras y limitaciones.

«Desde antes que nacieran los montes y que crearas la tierra y el mundo, desde los tiempos antiguos y hasta los tiempos postreros, tú eres Dios». Observa que el salmista no escribió: «desde los tiempos antiguos y hasta los tiempos postreros, tú fuiste Dios» Sino, tú *eres* Dios.

¿Qué significa que Dios es infinito? Sencillamente lo que *es* Él. Más allá de eso, nuestros cerebros pequeños son incapaces de comprender. Nosotros ni siquiera

> Nosotros ni siquiera sabemos en verdad lo que significa «infinito».

sabemos en verdad lo que significa «infinito». Trata de definirlo. Infinito significa que no tiene límites. Nunca se acaba. No tiene fin. Existe siempre. Ilimitado. Sin tiempo. Cosas que no podemos comprender del todo.

Dios nunca ha estado cansado. Nunca duerme. Nunca envejece. Nunca se mejora.

Él es autosuficiente. Autónomo. Dios no necesita nada. Ni a nadie.

Si sucediera que todos nos cayéramos de la faz de la tierra, Dios todavía sería exactamente quien es Él. Si todos dejamos de adorarlo, Él permanecerá igual. La grandeza de Dios no depende de nosotros. Si ni una sola persona en la tierra jamás decidiera responderle con amor, creyendo en Él y adorándole, Dios todavía sería todo lo que ya es, lo que siempre ha sido y lo que siempre será.

¡Qué profundas son las riquezas de la sabiduría y del conocimiento de Dios! ¡Qué indescifrables sus juicios e impenetrables sus caminos!

«¿Quién ha conocido la mente del Señor, o quién ha sido su consejero?»

«¿Quién le ha dado primero a Dios, para que luego Dios le pague?»

Porque todas las cosas proceden de él, y existen por él y para él. ¡A él sea la gloria por siempre! Amén.

La ciencia está ganando terreno cada día. Podemos ver más lejos en el espacio y más profundo dentro de nuestros cuerpos que nunca antes. Y lo que descubrimos nos pasma y nos asombra. Estamos encontrando que hay más afuera en el espacio de lo que nunca nos imaginamos. Y más complejidad en el interior de la que somos capaces de entender.

Hemos colocado hombres en la luna, pero no podemos hacerlo del todo hasta Marte, nuestro planeta vecino más cercano. Habitamos una galaxia compuesta de miles de millones de estrellas, de las cuales nuestro poderoso sol es, en el mejor de los casos, promedio. Y nuestra Vía Láctea es solo una galaxia entre miles de millones más, cada una conteniendo miles de millones de otras estrellas.

Nunca veremos más que una pequeña fracción de ellas. Sin embargo, Dios le puso un nombre a cada una:

Alcen los ojos y miren a los cielos: ¿Quién ha creado todo esto? El que ordena la multitud de estrellas una por una, y llama a cada una por su nombre. ¡Es tan grande su poder, y tan poderosa su fuerza, que no falta ninguna de ellas!

Y mientras luchamos con la causa de todo esto, Él ofrece esta sencilla explicación sencilla e irrefutable: «Dios, en el principio, creó los cielos y la tierra». ¿Y por qué no? Si eres tan imponente como Él, ¿por qué no haces un universo que sea lo bastante vasto para que siempre le haga eco a tu grandeza?

Entonces, más que solo hacer el universo para su gloria, Dios lo hizo para mostrarse a ti y a mí. «Porque desde la creación del mundo las cualidades invisibles de Dios, es decir, su eterno poder y su naturaleza divina, se perciben claramente a través de lo que él creó, de modo que nadie tiene excusa».

El uso del adjetivo *imponente* se ha vuelto común en la conversación de nuestros días. Aun así, nada es en verdad imponente, sino solo Dios.

Dios es imponente en gloria. E imponente en santidad. En más de una ocasión vislumbramos el cielo y escuchamos a los ángeles que repiten: «Santo, santo, santo es el Señor Dios Todopoderoso». A decir verdad, la santidad es el único de sus atributos que vemos que los ángeles repiten una y otra vez. ¿Es posible que la santidad esté en el corazón de la divinidad de Dios? ¿En el centro de todo lo que es Él?

Dios es puro. Radiante. Sin mancha ni defecto. Es bondad intachable. Sin falta ni culpa. La perfección personificada.

Cuando uno es Dios, siempre es el que es: inmutable, sin que se afecte por nada ni nadie.

> Cuando uno es Dios, siempre es el que es.

ÍNTIMAMENTE ACCESIBLE

Y si la naturaleza infinita de Dios no es lo bastante sobrecogedora, considera esto: El Dios infinitamente imponente te invita a que te acerques a Él.

¿Quién como el SEÑOR nuestro Dios, que tiene su trono en las alturas y se digna contemplar los cielos y la tierra?

Sí, Él está entronizado en el cielo, pero Dios descendió para prestar atención a nuestras vidas. Como lo dijo David: «Mis trajines y descansos los conoces; todos mis caminos te son familiares».

Piensa en eso. Este grande y majestuoso Dios es del todo consciente de cada uno de los detalles de tu vida. Él es Dios en el cielo, aunque sabe todo lo que se va a conocer de ti, las cosas que ni siquiera tú sabes.

Qué cosa tan milagrosa es que nos inviten a responder a este Dios increíble. Que de alguna manera el Todopoderoso decidiera por su libre albedrío desear tu adoración. Aunque Él no tenía ninguna verdadera necesidad ni obligación de hacerlo así, te invita a acercarte para que seas su verdadero adorador.

¿Cómo es posible que Dios es infinito en ser y en poder y, sin embargo, tú y yo podamos tocarle? Podemos tocar su corazón. Podemos hacer que le llegue el gozo. Que sonría. Podemos traerle placer a Dios.

A Dios le importa tu adoración.

Es verdad que «los cielos cuentan la gloria de Dios». Con todo, justo donde estás en este momento, Dios está allí y dice: «Quiero que también cantes mi gloria».

Las piedras que ha hecho son capaces de cantarle salmos si les pidiera que lo hicieran; pero Él se acerca a tu lado y susurra: «¡Prefiero *escucharte* cantar un cántico nuevo de alabanza para mí!».

Dios está constantemente rodeado por multitudes celestiales y de alabanza sin fin, sin embargo, te dice a ti y a mí: «Conozco tu voz, aun los pensamientos de tu corazón. Y tus flechas de afecto llegan a mi corazón».

PERMANECE SIEMPRE EN EQUILIBRIO

Infinitamente imponente–íntimamente accesible.

Creador–Padre.

Señor todopoderoso–amigo.

¿Una contradicción? No. ¿Una paradoja? Claro que sí.

Que Dios sea ambas cosas al mismo tiempo es parte de su misterio divino, algo que para nosotros es mejor no tratar de entenderlo. En cambio, solo necesitamos aceptar el misterio, agarrándonos a lo que mi amigo se refiere con tanta frecuencia como «la amistad y el temor».

Si vamos a adorar a Dios por quien es, tenemos que vivir a cada momento en la tensión de estos dos aspectos de su carácter. Si oscilamos demasiado lejos hasta el final «accesible» del espectro, con el tiempo reduciremos a Dios a alguien de nuestro propio tamaño.

Al hacerlo así, lo deshonramos y olvidamos quiénes somos. Pronto nos sentiremos frustrados por este dios pequeño que hemos creado para nosotros. Nuestra adoración se encogerá como las medias en la secadora. Y nuestra fe disminuirá, robándonos la esperanza y robando a Dios su gloria.

A pesar de eso, tampoco podemos renunciar a su invitación a la intimidad. ¿Cómo olvidar que a través de la maravilla de la gracia pertenecemos a Él como hijos e hijas? Somos los hijos amados de Dios. No recibimos crédito adicional en el cielo por mantenerlo alejado. Sobre todo, dado el hecho de que Él se abrió paso a través del muro del pecado y vergüenza que nos apartaba de Él.

Somos suyos, llenos de su Espíritu. Y su Espíritu clama desde nuestros corazones: «¡*Abba!* ¡Padre!»». Así que consideramos cuán imponente es Él, parados en temor reverente por todo lo que ha hecho, y al mismo tiempo, le abrazamos con audacia por medio de la vida de su Hijo, amándole con ternura como un niño en el abrazo de su papá.

Y SI ESA NO ES RAZÓN SUFICIENTE

Nuestra adoración comienza con la respuesta a quién es Dios. Aun así, eso no es lo único por lo que tenemos que estar agradecidos. Eso no es todo lo que tenemos que celebrar.

No me malentiendas. Si todo lo que alguna vez sabrás sobre Dios es lo que sabes ahora mismo, todavía sabrás lo suficiente para alabarle por la eternidad.

Aunque hay más.

Además del carácter infinito de Dios, le alabamos por todo lo que ha hecho.

> La adoración es...
> *nuestra respuesta,*
> personal y colectiva,
> *a Dios:*
> ¡por quien es Él!
> ¡y lo que Él *ha hecho*!

Es la potente combinación de estas dos esferas de alabanza lo que hace que la adoración siempre sea una opción para nosotros, pase lo que pase.

Cuando no podemos decir lo que Dios está pensando, y no le vemos obrando en torno a nuestras circunstancias, todavía podemos alabarle porque sabemos quién es Él. Aun si nuestras circunstancias no lo revelan, Dios todavía es todo lo que es. No importa lo que la vida nos depare, concentramos nuestra atención en Él. Todavía es Dios.

De esa misma manera, siempre podemos alabarle por lo que Él ha hecho, aunque a veces nos parezca que no lo sentimos lo suficiente cerca.

Nuestras vidas están llenas de dones de Dios, pequeños milagros. Los árboles que bordean el camino que tomamos para ir a trabajar. El auto (nuevo o no tan nuevo) que nos lleva. La oportunidad de trabajar. Los ojos para ver. Un lugar para dormir. Su fidelidad en días pasados. Todo esto nos debe mantener adorándole a cada instante. Reconozcámoslo, ¡la gratitud solo por el don de respirar nos debe mantener alabando durante bastante tiempo!

Alabamos a Dios por lo que es Él.

Lo honramos por todo lo que Él ha hecho.

Aun si Dios nunca hiciera otra cosa por nosotros, ¿deberíamos dejar de alabarle? Claro que no... en especial cuando recordamos todo lo que Él ya ha hecho por medio del don de su Hijo.

LA ADORACIÓN COMO UN ESTILO DE VIDA

¿*C*uál preferirías?

— ¿Un cónyuge que te dice que te ama diez veces al día... o uno que siempre te es fiel solo a ti haciendo las cosas que muestran que le importas?

— ¿Otra persona significativa que te da tarjetas hechas en casa con mensajes de «tú eres lo mejor de mi vida»... o una que te respeta, te honra y no sale a escondidas de ti?

— ¿Hijos que te dicen cuánto significas para ellos... o hijos que son confiables, lo bastante solícitos para obedecerte porque creen que les deseas lo mejor?

— ¿Amigos que se mantienen recordándote que eres su mejor amistad... o los que están allí cuando más les necesitas, que nunca te traicionan cuando no estás presente?

Si eres como yo, tu respuesta es... ¡LOS DOS! Deseo las palabras y las acciones. Me imagino que lo mismo se puede decir de ti.

Pues bien, Dios no es diferente. La adoración tras la cual estás es de LAS DOS clases.

Pienso que es por eso que existen dos palabras básicas para adorar en el Nuevo Testamento. Cada una tiene un significado diferente, pero importante.

Jesús usó una de ellas en su conversación con la samaritana junto al pozo. Esta palabra tiene que ver por entero con una actitud de honra y reverencia. Significa literalmente «inclinarse ante» o «besar la mano de un rey».

La otra palabra tiene un significado mucho menos encantador. Sencillamente significa servir.

Es la palabra que Pablo usa en un pasaje esencial sobre la adoración. Comienza por «les ruego», nos suplica, «por la misericordia de Dios que se presenten ustedes mismos como ofrenda viva, santa y agradable a Dios». Esto, declara Pablo, «es el verdadero culto que deben ofrecer». O literalmente, nuestro «culto» espiritual.

Pablo decía: Si viste la misericordia... si viste la cruz... ofrece todo lo que eres en respuesta a todo lo que Él ha hecho.

Reconozcámoslo: Esa clase de servicio completo no está muy alto en nuestra lista de prioridades. Sin embargo, en la mente de Dios, adoración = servicio. Adoración = vida.

LO QUE PODEMOS HACER

Lo que Dios nos ha revelado de sí mismo va más allá de lo que logran expresar nuestras palabras de gratitud. Lo que ha hecho a nuestro favor hace imposible que nosotros nunca podamos pagarle.

Aun así, lo que *podemos* hacer a cambio, y debemos hacer, es darle todo lo que tenemos a través de una vida de servicio a Él y a quienes nos rodean.

Eso es lo que queremos decir cuando nos referimos a que la adoración es un estilo de vida.

Durante mucho tiempo, la gente ha estado engañando a Dios, de alguna manera pensando que si solo se mantienen diciéndole que es grande, estará contento. Si sus palabras son sinceras, no parece importar. Si sus vidas respaldan sus palabras, no es gran cosa.

Después de todo, las palabras salen con facilidad. Y decirlas (y cantarlas) nos hace sentir un poco mejor.

Sin embargo, no honramos a Dios solo con palabras. Como cualquiera de nosotros, a Él le conmueven las palabras respaldadas con las acciones. Cuando se trata de adorar, es todo el paquete lo que cuenta: lo que dices, cómo lo dices y si lo quieres decir. Y nuestras palabras cobran gran significado cuando se desarrollan en cada esfera de nuestras vidas.

La adoración es...

nuestra respuesta,

personal y colectiva,

a Dios:

¡por quien es Él!

¡y lo que Él ha hecho!

expresado en las cosas que decimos

y por *las cosas que decimos*

y la manera en que vivimos.

Es posible que el domingo por la mañana estés cantando con todo lo que tienes, aun, quizá cayendo de rodillas para decirle a Dios que Él es tu «todo en todo». Aun así, todo el tiempo tal vez Él esté pensando: *Parece que hay una gran cantidad de otras cosas en tu vida últimamente que deseas mucho más que a mí.*

En ese momento, no somos diferentes a esos de las épocas pasadas de quienes Dios dijo: «Este pueblo me honra con los labios, pero su corazón está lejos de mí».

Dios sabe cuán propensos somos a decir una cosa y hacer otra. Es por eso que la verdadera prueba de la adoración no es tanto lo que decimos, sino cómo vivimos.

¿CÓMO VAMOS A OFRECER MENOS?

Dios nos ha dado «la vida, el aliento y todas las cosas», como le dijo Pablo a esa gente de Atenas. La única respuesta adecuada a todo lo que Él ha hecho es devolverle todo lo que somos. Cualquier cosa menos no es suficiente. Cualquier cosa menos no es verdadera adoración. Cualquier cosa menos solo prueba que en realidad no le hemos visto en absoluto.

Toma, por ejemplo, su gracia y misericordia.

Merecíamos la muerte, pero recibimos la vida. La gracia y la misericordia de Dios son en realidad así de sencillas.

Por lo tanto, ¿cómo respondemos a la cruz de Cristo?

¿Con una visita dominical a la iglesia calle abajo?

¿Al poner dos dólares en el plato de la ofrenda?

¿Cantando unos pocos versos de un himno confiable?

> Dios sabe cuán propensos somos a decir una cosa y hacer otra.

¿Ofreciendo una breve oración de bendición sobre un pavo en el día de Acción de Gracias?

¿Llevando una cruz al cuello?

¿Teniendo una Biblia?

¿Orando por un misionero de vez en cuando?

¡De ninguna manera! La única respuesta adecuada a tal gracia y misericordia es nuestro *todo*.

YO SOY LA OFRENDA

En alguna parte de la cultura moderna nos confundimos al pensar que la adoración y las canciones son una misma cosa.

La escena de la iglesia está inundada de nuevos cantos de adoración. Eso en sí no es malo. Aunque es mortal cuando hacemos un sutil cambio mental y comenzamos a creer que al entonar los cantos estamos adorando en verdad.

> Nos confundimos al pensar que la adoración y las canciones son una misma cosa.

No me entiendas mal. Apoyo de todo corazón los cánticos de alabanza, tanto los clásicos como los nuevos.

Entonar canciones sobre la cruz es bueno. En realidad, es una cosa muy buena. Algo bíblico. Algo que se necesita mucho en la iglesia.

A pesar de eso, el canto solo no basta. La cruz exige más.

La gracia requiere que nos entreguemos, colocando nuestras vidas ante este Dios misericordioso.

Esta incondicional, total, respuesta que abarca la vida a la maravillosa gracia de Dios es la cosa más «razonable» para hacer, como lo expresa una traducción en ese pasaje fundamental de alabanza de Pablo.

Dar todo a Dios es nuestra única respuesta razonable.

Ahora bien, verifica de nuevo las palabras de reto de Pablo, esta vez desde una paráfrasis contemporánea:

Así que esto es lo que quiero que hagan, con la ayuda de Dios:

Toma tu vida diaria ordinaria —tu dormir, tu comer, tu viaje al trabajo, y tu caminar— y colócala ante Dios como una ofrenda. Lo mejor que puedes hacer para Dios es abrazar lo que Él hace por ti.

¡Eso es todo! Adorar a Dios es lo que hacemos a medida que respondemos a su misericordia en nuestro «andar por la vida».

No son las palabras que canto, sino mi ser;
  Soy la ofrenda que yace a tus pies,
La melodía de mis pasos, oh cuán dulce,
  Todo mi ser en alabanza a ti.

POR MEDIO DE JESÚS A TODAS HORAS

Como he seguido a través de los años de asir la plenitud con respecto a lo que trata la adoración, este pasaje de las Escrituras ha captado sin cesar mi atención:

> Así que, ofrezcamos siempre a Dios, por medio de él, sacrificio de alabanza, es decir, fruto de labios que confiesan su nombre. Y de hacer bien y de la ayuda mutua no os olvidéis; porque de tales sacrificios se agrada Dios.

Por el contexto de los versículos anteriores y posteriores sabemos que ese «él» en la primera frase se refiere a Jesús.

Creo que el significado nos golpea con más fuerza cuando se incluye su nombre en el texto:

Así que, ofrezcamos siempre a Dios, por medio de Jesús, sacrificio de alabanza.

Jesús es la puerta eterna por medio de la cual venimos a adorar a Dios.

NO MÁS SISTEMAS RELIGIOSOS

Ya no estamos bajo ningún sistema religioso. Ni el del Antiguo Testamento, ni ningún otro. En el pasado, los adoradores de Dios tenían que acercarse a Él mediante un sistema ritualista de sacrificio; pero eso ya se acabó.

Cristo es la ofrenda final por el pecado; Él «ofreció por los pecados un solo sacrificio para siempre». Así que cuando venimos para adorar al Padre, no se nos exige traer un sacrificio tratando de hacernos justos ante Dios. Jesús ya lo hizo por nosotros.

> Ya no estamos bajo ningún sistema religioso.

Es importante captar esta verdad porque nosotros muy a menudo fallamos en vivir como debemos. Y cuando fallamos, el enemigo está listo a condenarnos, diciéndonos que no es posible que seamos adoradores después de lo que hicimos.

Sin embargo, esas palabras son mentiras. Siempre podemos regresar a Dios en adoración, no importa dónde hayamos estado ni qué tan lejos hayamos caído.

¿Cómo es posible?

Por medio de Jesucristo. Su muerte hizo posible que Dios nos aceptara. Su cruz permitió que nuestra adoración fuera aceptable a los ojos del Padre. Podemos acercarnos a su trono de gracia. A cualquier hora. En cualquier parte.

Es por eso que una profunda comprensión de la cruz está casi siempre en mi mente cuando vengo a adorar. Y si no está, el Espíritu Santo la pone allí. Rápido.

CONSIGUE ABRIR LA PUERTA

¿Cómo puedo acoger a este imponente Dios de maravillas y no apreciar la cruz que me permite acercarme a Él?

Muchísimas personas no conocen la plenitud de lo que Cristo hizo por ellas. La grandeza de quien ha hecho lo que son. No saben lo suficiente de su nueva posición ante Dios en Cristo para liberarlos de las mentiras del engañador.

Tratan de adorar, pero la condenación abunda. La culpa restringe, la vergüenza asfixia.

No es de extrañarse que su adoración sea débil y coja. No es de extrañarse que no haya muchos entre nosotros que clamen su alabanza ni que salgan a danzar en celebración incontenible.

Quizá no estemos recibiendo el evangelio... todo el evangelio. ¡En Jesucristo somos libres! Somos perdonados para siempre. Limpios por completo. Nuevas criaturas. Vueltos a crear.

¡Ya no hay más condenación para nadie en Cristo Jesús. Él es nuestra vida. Su justicia es nuestra justicia. Nacidos de nuevo. Hijos de Dios. Unidos para siempre a Él. Nuestra deuda está del todo pagada. El poder del pecado está roto. La muerte está derrotada. ¡Estamos vivos!

Estas son las verdades que consiguen abrir la puerta a la presencia de Dios. Y tú también puedes entrar por esa puerta a adorar. No por ti, sino por la cruz.

NO PUEDES HABLAR EN SERIO

Siempre venimos a adorar a través de la puerta que es Jesucristo. Aun así, verifica lo que viene después de ese pasaje de Hebreos: «Así que, ofrezcamos siempre a Dios, por medio de Jesús, sacrificio de alabanza».

¡Vaya! ¿Observas lo mismo que yo?

¡Siempre!

Dios tiene que estar bromeando, ¿verdad?

¿Ofreciéndole *siempre* un sacrificio de alabanza? ¿Como quien dice veinticuatro horas al día, siete días a la semana? ¿De día y de noche? ¿A todas horas? ¿Cómo es eso siquiera posible?

> Estas son las verdades que consiguen abrir la puerta a la presencia de Dios.

Quizá todos deberíamos irnos a un monasterio después de todo. O a lo mejor solo debemos respirar profundo y considerar lo que sugiere el autor de estos versículos.

En primer lugar, establece un argumento importante para sus lectores del primer siglo que estaban muy familiarizados con los olores y espectáculos de los sacrificios de los animales. Sabían lo que significaba venir una vez a la semana o al año a traer algún animal como una ofrenda a Dios.

Sin embargo, ya esto no es así. No hablamos de una cosa de una vez a la semana ni de dos veces al año. Nos referimos a una nueva relación que nos permite alabar a Dios en cualquier momento, en cualquier escenario. En la autopista. En el restaurante. En nuestro dormitorio. En un campo de fútbol. En una junta directiva.

¡*Siempre* significa que cualquier momento es bueno para alabar a Dios!

TIEMPO DE AJUSTE

Y *siempre* significa que un ajuste inmenso de actitud está a punto de hacerse. *Siempre* significa que en todo momento buscamos formas de glorificarle.

Siempre saca nuestra adoración de las paredes del edificio de la iglesia.

Siempre saca nuestra adoración de nuestros devocionales.

Siempre saca la adoración de nuestras conferencias cristianas.

De nuestras actividades de adoración.

De nuestros reproductores de «MP3».

De nuestros audífonos.

Siempre lleva la adoración al mercado.

A nuestros lugares preferidos

A nuestra conversación con los amigos.

A nuestros momentos de estar en el café.

Siempre lleva la adoración a nuestros sitios elegidos de diversión.

A nuestras cuentas bancarias.

A nuestros pensamientos íntimos.

A nuestras noches oscuras.

A nuestros gozos.

Lo que Dios dice es esto: «Todo lo que tú eres... es mío. Todo lo que tienes... es mío. La vida que vives es mi vida que con gusto te la doy a ti. Y quiero adoradores que sin cesar reflejen mi bondad y gracia con esa vida».

Dios quiere que nuestras vidas sean una cuerda de adoración sin empates. Dios desea que nuestra adoración sea un estilo de vida.

Capítulo 9

DE NUESTROS LABIOS Y DE NUESTRAS VIDAS

$\mathcal{N}$uestro continuo sacrificio de alabanza, nuestra expresión constante de adoración a Dios, toma dos formas fundamentales.

Está compuesta de palabras. Y hechos.

Observemos de nuevo en ese pasaje de Hebreos y veamos a donde nos lleva:

> Así que ofrezcamos continuamente a Dios, por medio de Jesucristo, un sacrificio de alabanza, es decir, el fruto de los labios que confiesan su nombre. No se olviden de hacer el bien y de compartir con otros lo que tienen, porque esos son los sacrificios que agradan a Dios.

La primera parte de una adoración continua es el «fruto de nuestros labios» que alaban a Dios. Quizá esa frase «el fruto de los labios» suene un tanto rara, pero me gusta.

No hay fruto sin alguna clase de raíz. Así que cualquier cosa que salga de mi boca en realidad viene de las raíces que se han afianzado en lo profundo de mi alma. Es por eso que la Biblia dice que lo que sale de la boca viene en realidad del corazón.

Mi alabanza a Dios no solo sale de mis labios, sino que comienza en la profundidad de mi interior. (¡Un concepto excelente!)

Dios busca a la clase de gente que siempre se empape con su Palabra, que sumerja las raíces del carácter de Dios dentro de sus mentes y corazones. Como resultado, las verdaderas y amables expresiones para Él y sobre Él salen continuamente de sus bocas.

Creo que eso es lo que David quiere decir cuando señala: «Bendeciré al SEÑOR en todo tiempo; mis labios siempre lo alabarán».

LAS ACCIONES QUE SE EXPRESAN

A pesar de eso, la alabanza verbal no es la única clase de adoración en la que está Dios. El pasaje continúa extendiendo la adoración hasta incluir actos de compasión e integridad, sacrificios que en verdad hacen feliz a Dios.

Ahora nos movemos más allá de nuestros labios y hablamos del fruto de nuestra vida.

Y se ajusta el mismo principio: Si nos sumergimos dentro del carácter de Dios, su carácter comienza a crecer «en las ramas de nuestro árbol». Al final su carácter encontrará expresión en las cosas que hacemos.

Cuando hacemos lo bueno, se adora a Dios. Incluso si nadie lo nota o le importa. La verdad de Dios se refleja de nuevo en Él. Aun si nos castigan por nuestra honradez, Dios recibe honra por nuestro sacrificio.

> Cuando hacemos lo bueno, se adora a Dios.

Y cuando cuidamos a otra persona, el pasaje nos recuerda que entonces «agradan a Dios».

Es mucho más fácil cantar un canto que detenerse y tocar al débil. Es mucho menos agotador ir a la iglesia que llevar la «iglesia» al mundo. Sin embargo, compartir con los demás es un sacrificio de adoración que hace sonreír a Dios.

A QUÉ SE PARECE

Tengo un amigo que vive en Afganistán. Hace varios años que está allí trabajando entre alguna de la gente más desesperanzada de la tierra. Los años de la guerra, la hambruna y los regímenes malévolos han reducido sus vidas a lo que llevan puesto.

Los hombres, las mujeres y los niños, desplazados dentro de su propio país. No hay trabajo. No hay hogar. No hay refugio. Poco futuro.

Mi amigo es inteligente. Educado. Y un creyente en Dios. John podría vivir en cualquier parte de los Estados Unidos, pero no lo hace.

Después de abandonar el sueño americano de mayores riquezas, se le puede encontrar casi siempre en alguna aldea afgana... supervisando un proyecto de socorro, estableciendo un centro educacional de capacitación o controlando un programa de distribución de alimentos.

Ama a la gente y satisface sus necesidades. Y cuando le preguntan por qué, Juan se expresa con una risa arraigada en lo profundo de la gracia de Dios, y les habla sobre Jesucristo.

Es más que un misionero. Es un adorador en espíritu y en verdad. Un adorador en la acción y en los hechos.

¿Qué crees que conmueve más a Dios? ¿Nuestros cantos: «Griten al norte y al sur, canten al oriente y al occidente, Jesús es Salvador para todos, Señor del cielo y de la tierra» cien o más veces?

O un adorador poco digno que camina por las calles de Afganistán, tocando a los «menos importantes» en el nombre de Jesús.

Si me has estado siguiendo, sabrás a estas alturas que la respuesta es LOS DOS.

El canto tiene su lugar en la adoración de la iglesia, estimulándonos a seguir adelante en la misión de misericordia de Dios al mundo. Sin embargo, en algún momento tenemos que vivir el canto, con la disposición de ir a la gente que está en todas partes esperando escuchar sobre la gracia que es gratis.

Dios ama al mundo. A cada alma en él. Desea que todas las naciones conozcan su nombre. Que todo el mundo pruebe su bondad. Que cada corazón cante su alabanza.

Aun así, los que todavía no han oído de este Dios que los busca nunca despertarán para adorar en verdad hasta que nosotros lo hagamos. Hasta que adoremos con nuestras palabras y nuestras vidas. Hasta que reflejemos su maravilla y su gracia en todos los rincones de la tierra.

HAZ DE LO MUNDANO UNA MELODÍA

Sin duda, estás pensando, *ir a Afganistán es algo maravilloso. No obstante, trabajo de cajero en el banco.*

Te entiendo. La mayoría de la gente lo hace.

No, no quiero decir que ellos trabajen en el banco. El asunto es que la mayoría de la gente se encuentra en lugares que no parecen tan espirituales. Ni de adoración.

Tu actitud puede cambiar cualquier tarea mundana en una ofrenda a Dios.

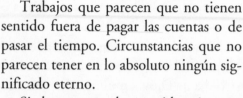

Trabajos que parecen que no tienen sentido fuera de pagar las cuentas o de pasar el tiempo. Circunstancias que no parecen tener en lo absoluto ningún significado eterno.

Si alguna vez te has sentido así, tengo grandes noticias. ¡Puedes adorar a Dios dondequiera que estés... haciendo lo que sea que haces!

Eso es lo bello de la adoración continua. Tu actitud es capaz de cambiar cualquier tarea mundana en una ofrenda a Dios.

La adoración sucede incluso en la fotocopiadora.

A mí me sucedió.

Como estudiante en la universidad en Atlanta, trabajé a tiempo parcial en el centro para el control de enfermedades. Bastante impresionante, ¿eh? ¡Allí estaba yo conteniendo la difusión de las enfermedades infecciosas, desarrollando tecnologías, investigando en terreno virgen para mejorar la vida humana y aliviar el sufrimiento!

Bueno... no exactamente.

Para ser preciso, yo era el muchacho de la fotocopiadora en la biblioteca médica del Centro. Mi función principal era sacar fotocopias de los cientos de artículos que los diferentes médicos querían para su uso personal.

No tenía precisamente una oficina... más bien un cuartito. La fotocopiadora estaba en un cuarto de 1,20 m por 2,40 m debajo de la escalera en el fondo de la biblioteca. El cielo raso inclinado caía por debajo de la altura de la cabeza en un lado. El cuarto estaba inundado de carritos cargados con revistas médicas esperando ser copiadas, cada una tenía marcadores de papel blanco extendido por fuera, diciéndome qué hacer a continuación.

Hora tras hora tras hora éramos solo esa máquina y yo. Día tras día se acumulaban las solicitudes.

TRABAJO Y ADORACIÓN

En aquellos días, Dios estaba obrando mucho en mi corazón, y el trabajo para mí se convirtió en algo más. No estoy tratando de espiritualizar en exceso lo que sucedió (no terminamos teniendo un avivamiento en la biblioteca), pero por la gracia de Dios fui capaz de convertir ese cuarto de la copiadora en un lugar amado.

Entre otras cosas, deseaba ser el mejor copiador de la tierra, nunca saliendo del trabajo hasta que se reprodujera cada artículo en turno... algo que con frecuencia exigía mejoras en mi técnica, velocidad y productividad. No me rechazarían.

Aunque también este trabajo me dio mucho tiempo para estar con Dios. Fotocopiar, aunque manualmente intensivo, no agota demasiado el cerebro. Eso me dejó cantidades de tiempo para pensar en Dios. Tiempo para hablarle. Tiempo para adorar. Tiempo para escuchar. Tiempo para orar.

> En la tierra todo (excepto el pecado) se puede hacer como un acto de adoración a Dios.

Todos los que trabajaban allí sabían que era creyente, pero no me pedían con exactitud que liderara un estudio bíblico ni hablara del Salvador. Mi testimonio era mi trabajo... y mi adoración. Quizá aun más significativo que cualquier otra cosa que pudiera hacer o decir.

Me convertí, para decirlo con modestia, en el copiador maestro. ¿Y sabes qué? Creo que la manera en que hacía mi trabajo reflejaba algo bueno sobre el carácter de Dios.

Cuando me fui, ¡se necesitaron tres empleados nuevos para igualar mi ritmo! Y quién sabe, uno de estos artículos quizá haya contribuido a aclarar alguna enfermedad mundial. (Por eso, ¡puedes darme gracias más tarde!)

La idea es esta: En la tierra todo (excepto el pecado) se puede hacer como un acto de adoración a Dios. Todo lo que hacemos *es* adoración cuando lo hacemos para Él, mostrando su rostro a medida que caminamos.

La pregunta no es *qué* haces, sino para *quién* lo haces.

Tu llamado es convertir tu lugar en la vida en uno de verdadera adoración.

Es hacer lo que sea que hagas de una manera que refleje el corazón de Dios a los que te rodean.

Es adorar... a medida que vives tu vida.

Capítulo 10

UNA SENDA PERSONAL HACIA LA ADORACIÓN

$\mathcal{D}$esarrollar una vida personal de adoración es la cosa más importante que puedes hacer. Es donde se inicia el viaje de la adoración.

Hemos hablado mucho de que nuestra adoración sea una respuesta a Dios. Si eso es así, debemos mantenerlo a la vista, buscando cada día el proceso de descubrir quién es Él.

Para algunos, lo sé, esa es una tarea que intimida.

¿Conocer a Dios?, te preguntas. *¿Dónde comenzaría?*

Con lentitud. Con sencillez.

De paso en paso.

LAS COSAS GRANDES EN PORCIONES PEQUEÑAS

La primera (y hasta ahora la única) montaña que he escalado es el Matterhorn. No, no la de Disney. La versión de unos cuatro mil quinientos metros en los Alpes; un triángulo escarpado de roca cubierta de nieve que se asoma por encima de la antigua aldehuela de Zermatt, en Suiza.

Aunque en mi país entrené como loco durante el calor del verano, en realidad no me había tomado el tiempo de aprender sobre la montaña misma. Nunca había visto siquiera una fotografía de la montaña. Marc, mi amigo y compañero alpinista, me había asegurado que era factible. Eso era todo lo que necesitaba saber.

Cuando llegamos a Zermatt, lo que vi al extremo del valle fue un intimidante pico de piedra. Los dos angulosos lados frente a la aldea parecían elevarse rectos hacia una línea angosta de la cima. Sin duda, ¡nadie iba a escalar por esa vía!

Al verlo por primera vez, le dije a mi esposa, Shelley: «No te preocupes; nuestro camino de ascenso debe estar del lado de atrás. ¡No hay forma de que vayamos a escalar eso!».

Pues bien, para hacer más breve una larga y muy desafiante historia, lo hicimos. ¡Escalamos derecho arriba por esa imponente superficie!

Esta era más montaña de lo que me había imaginado, y enseguida fui consciente de que no me había entrenado lo bastante bien. Al instante deseé haber hecho un poco de investigación antes de llegar. No obstante, si lo hubiera hecho, ¡lo más probable es que no hubiéramos llegado allí de ninguna manera!

A decir verdad, en la principal página Web del Matterhorn, la que no revisé hasta que estuvimos tranquilamente de regreso en casa, está la amonestación: «Los escaladores sin experiencia no deben intentar un ascenso del Matterhorn como su primera montaña». Resulta que el Matterhorn es uno de los ascensos más difíciles de Europa, con una de las tasas más altas de mortalidad para los escaladores. No se conquistó hasta 1865, el último de los Alpes en rendirse a la exploración.

La noche anterior a nuestra escalada programada hasta la cima, Marc y yo tratamos de dormir en un lugar llamado el *Hörnlihütte*, a mil ciento catorce metros abajo de la cima de la montaña.

Para ser sincero, yo tenía mis dudas con respecto al ascenso.

Aun así, decidimos salir para la cima en la oscuridad de la madrugada, junto con nuestros dos guías suizos, y pronto comenzamos a ir directo hacia arriba sobre lo que parecían losas de un kilómetro y medio de alto de granito inconquistable. Ascendimos la mayor parte en nuestras manos y pies. Y lo hicimos en tramos pequeños, moviéndonos constantemente, aunque solo unos pocos centímetros cada vez.

Al final, nos paramos en la cima de cuarenta y seis centímetros de ancho de esta joya de montañismo. Lloré con lágrimas tanto de alivio como de asombro. Aun más impresionante, regresamos abajo de nuevo, un logro que ahora sé que es mucho más exigente (e importante) que llegar a la cima. Con todo, esa es otra historia.

LA ESCALADA AL MONTE DE DIOS

Así que, ¿cómo se escala algo tan majestuoso como el Monte de Dios?

Poco a poco.

Un buen lugar para comenzar es consiguiendo una Biblia y un diario en blanco, y separar unos pocos minutos de devocional cada día durante un mes. Si necesitas un nombre para el viaje, llámalo: Treinta días de alabanza.

Antes de comenzar cada día, susurra esta sencilla oración a Dios: «Padre, estoy aquí por ti. Por favor, muéstrame quién eres».

Abre el libro de los Salmos y comienza a leer. Aquí la meta es la calidad y no la cantidad. Quizá te satisfagan uno o dos versículos, o a lo mejor quieras concentrarte en un salmo entero. Aun así, no corras. Deja que las palabras penetren.

> Susurra esta sencilla oración a Dios: «Padre, estoy aquí por ti. Por favor, muéstrame quién eres».

Mientras lees, busca un atributo de Dios que parezca captar tu atención. Un atributo es sencillamente algo que es verdad con respecto a Dios. Una parte de su carácter. Una faceta de su corazón. Uno de sus nombres.

Quizá te sientas atraído por su misericordia. O su firmeza. Su amor. Su santidad.

Tal vez tu corazón se centre en que Él es tu protector. Tu pastor. Tu refugio. Tu amigo.

Cuando percibas que una cosa ha atrapado tu corazón, escribe ese atributo en la parte superior de la página de tu diario. Es posible que también quieras escribir el versículo.

Ahora toma algún tiempo para meditar sobre el aspecto del carácter de Dios. Por ejemplo, piensa en lo que significa que Dios es sabio. Que Él personifica «todos los tesoros de la sabiduría y del conocimiento». Y piensa en lo que significa la sabiduría de Dios para tu vida hoy.

Después de unos minutos, escríbele tus pensamientos a Dios. Puedes escribir tu propio salmo de alabanza de respuesta a Él, o solo una cadena de pensamientos a medida que fluyan de tu corazón al de Él.

Puedes escribir un canto nuevo, o solo cantar uno que ya sabes que magnifica la dimensión del corazón de Dios sobre el cual te estás concentrando.

Quizá desees dibujar. O diagramar. Cualquier cosa que interprete lo que está dentro de tu alma. Cualquier cosa que exprese tu respuesta a Dios.

Hazlo personal. Íntimo. Con sinceridad.

Recuerda, no hay forma buena ni mala de llevar en tu diario tu respuesta a lo que ves en Él. Dos oraciones pueden ser tan poderosas como dos páginas.

Ahora lleva esa palabra contigo todo el día. Mantén la conversación con Dios a cualquier parte que vayas.

Te sorprenderás de cuántas veces aparece esa característica a medida que avanzas en tu día.

Cada vez que esto suceda, dale gracias por la verdad que te ha mostrado. Alábale por lo que es Él.

Después de treinta días, te sentirás animado por cuán lejos estás en el sendero de conocerlo. Y te asombrarás de cuánto más hay en Él para descubrir.

LA CLAVE ES ACERCARSE

No creo que te sorprenda mucho saber que en mi oficina tengo colgado un inmenso cuadro del Matterhorn. Ni que en casa tenga un libro grande, ilustrado y empastado sobre la montaña. Más de un ingenuo visitante a casa ha sido víctima de mis historias sobre la escalada cuando registra en este libro sección por sección, la

misma ruta de nuestro ascenso en foto-
grafías que te quitan el aliento.

> Te sentirás
> animado por
> cuán lejos estás
> en el sendero
> de conocerlo.

Cuando tomé el libro por primera vez
en una tienda de Zermatt, quedé desa-
lentado por completo debido a la inmensidad de las imágenes. Luego, a medida
que observaba con más detenimiento lo
que creí primero que eran fotos de la
montaña sola, pude ver hombres del tamaño de hormi-
gas, escaladores, dentro de las rocas. Puntos apenas visi-
bles que ascendían la montaña con lentitud. Mientras
más cerca observaba, más encontraba. «Allí, tres más. Y
mira aquí, seis más subiendo».

Descubrí que esta gigantesca roca es un poco enga-
ñosa. Desde la distancia el Matterhorn se ve lisa y empi-
nada. No obstante, una vez que subes a la montaña des-
cubres que es irregular. Llena de grietas y hendeduras.
De pequeños lugares de apoyo para las puntas de los
pies a medida que avanzas hacia la cima.

De la misma manera, existen interminables hendeduras en el carácter de Dios. Cuando dividimos su Palabra en pequeñas porciones, encontramos muchos lugares
para descansar. Lugares recónditos, que ofrecen una buena posición a medida que procuramos conocerle más.

Hace poco revisaba mi primer diario de alabanza que comencé allá en 1984.

El jueves 26 de julio, mi palabra subrayada para ese día era *Insondable*. Debajo están estas palabras:

Grande es el SEÑOR, y digno de toda alabanza; su grandeza es insondable.

SALMO 145:3

Insondable... ¿eso causa que nos sintamos frustrados y vencidos?

Más bien pienso que nos desafía a algo dentro de nosotros, que nos llama a venir a la belleza del Señor. Hay más que suficiente para todos... siempre.

Yo no puedo agotar a Dios. Sin embargo, su alabanza agotará esta vida mía a medida que le busco con afán.

Padre, no le temo a tu grandeza porque sé que soy acepto en todo esto.

Capítulo 11

Muévete más allá del yo hacia el nosotros

La adoración es una cosa personal. Aunque también es algo que hacemos juntos.

En otras palabras, nuestras respuestas de adoración a Dios son tanto personales como colectivas. Y cada tipo de respuesta se entreteje con la otra.

Es por eso que decimos:

La adoración es...
nuestra respuesta,
personal y colectiva,
a Dios:
¡por quien es Él!
¡y lo que Él ha hecho!
expresado en las cosas que decimos
y por las cosas que decimos
y la manera en que vivimos.

El cristianismo no es tanto una ostentación individual como un asunto familiar. Por medio de Cristo nos hemos conectado de nuevo con Dios, y en Él estamos conectados los unos con los otros. Somos su cuerpo. Su pueblo. Su familia.

Cada uno de nosotros desempeña un papel único. Encajamos en el cuerpo de una manera necesaria.

No me refiero a hacerse miembro de una religión organizada, sino al organismo llamado iglesia. Si eres creyente en Dios, Él te ha hecho parte de su rebaño. Ese no es en realidad tu llamado, sino el suyo. Ya Él te hizo miembro. Y una parte de tu adoración es establecer la conexión con otros creyentes a tu alrededor.

> El propósito fundamental de la iglesia es la adoración.

El propósito fundamental de la iglesia es la adoración. En su esencia, la iglesia existe para glorificar a Dios. Sin tu vida y tu voz, la expresión del rebaño es de alguna manera incompleta.

Sin embargo, hasta en el escenario colectivo, la adoración no comienza con una actividad de grupo. Comienza con nuestras respuestas individuales a lo que Dios nos ha revelado sobre sí mismo. Y esas respuestas no solo suceden una vez a la semana... sino día a día.

No nos diseñaron para actuar en un ciclo de adoración semanal, sino para una conexión personal de adoración en cada momento que es tan parte de nuestras vidas como el aire que respiramos.

JUNTÉMOSLO TODO

A medida que nos reunimos con otros creyentes en adoración, logramos traer ese mismo sentido de enfoque a nuestro viaje diario. Logramos traer esa misma adoración resuelta.

Durante la mayor parte de mi vida pensé que uno iba a la iglesia para adorar. Aunque ahora veo que el mejor enfoque es ir en adoración a la iglesia.

Créeme, la iglesia es mucho mejor cuando nuestras reuniones están llenas de personas que han estado buscando a Dios durante seis días antes de llegar allí. La iglesia como un lugar de «reabastecimiento» o para «repostar» es un desastre. La adoración colectiva da mejores resultados cuando llegamos con algo que ofrecer a Dios, en oposición a venir solo a obtener algo para nosotros.

Se supone que la iglesia sea una celebración de nuestro viaje personal con Dios desde que estuvimos juntos la última vez.

Imagina qué pasaría si cada persona de la congregación estuviera buscando el rostro de Dios durante toda la semana. Algunos encontrarían tristeza, otros la felicidad en grande. Aun así, todos tendrían una historia que contar de la fidelidad de Dios en los buenos tiempos y en los malos.

¿Qué pasaría si viniéramos a adorar a la iglesia, llenos del conocimiento de su presencia antes de llegar a la puerta? Pues bien, para comenzar, ¡el trabajo del líder de adoración sería mucho más fácil! Y la intensidad de nuestra oferta colectiva sería total.

¿Lo visualizas? Todas nuestras corrientes personales de adoración fluyendo a un río desbordado. Un himno poderoso. Una bella diversidad que cuenta una historia aun mayor de quién es Dios y lo que ha hecho.

La gente abandona una reunión así con la inspiración de buscarle como nunca antes. Y regresan trayendo adoración, iniciando de nuevo el ciclo.

El círculo de la adoración está completo. Íntegro.

Unamos los puntos

Necesitamos examinar la forma en que vemos el culto del domingo. O cuantas veces nos reunamos con otros para adorar.

Por lo general, no pensamos en el culto ni un momento hasta que llegamos. Entramos por la puerta como el que va al centro comercial. Nos sentamos y charlamos. Esperamos a alguien que nos guíe antes de que nos detengamos y nos conectemos al privilegio de todo aquello.

Sin embargo, la reunión colectiva es una cosa sagrada. Una cosa especial. Una cosa santa. Después de todo, quizá necesitemos edificios mayores. Las catedrales que nos recuerden que en realidad somos pequeños y que Dios es grande en verdad. Edificios que nos obliguen a mirar hacia arriba.

Bruce Leafblad, uno de los principales moldeadores de mi perspectiva sobre la adoración, tiene una gran definición. Parte de ella dice así: «La adoración es concentrar la atención de nuestra mente y el afecto de nuestro corazón en el Señor».

No puedes expresarla de manera más clara que eso.

La verdadera adoración exige nuestra atención. Sé que eso es difícil en nuestra cultura dirigida al comercio, donde nuestras mentes formadas por la televisión nos han equipado para una interrupción cada siete minutos. Aun así, Dios exige de nosotros que le amemos con toda nuestra mente. Su absoluta inmensidad y belleza exigen nuestra atención completa.

¿Alguna vez has estado en una conversación con alguien que no deja de mirar a su alrededor mientras habla contigo, revisando el escenario mientras tratabas de comunicar tu idea? A uno le dan deseos de marcharse, ¿verdad?

¿Por qué pensamos que con Dios es diferente?

Cuando venimos a adorar juntos, es imperativo que busquemos a Dios y fundamos nuestra mirada con la suya. Eso no es fácil con toda la demás gente en el salón; pero nuestra principal razón para estar allí es verle. Al menos así debe ser.

> Es imperativo que busquemos a Dios y fundamos nuestra mirada con la suya.

No sé cómo eres tú, pero mi atención vaga como loca. Para mí, la experiencia de la adoración colectiva es un constante «reunir»: cazando mis pensamientos que van a la deriva y volviéndolos a insertar en Dios. Así que no estoy diciendo que sea fácil permanecer concentrado en Él. Solo que es esencial.

CARA A CARA Y CON LA MIRADA EN ÉL

A medida que adoramos con otros, es importante que busquemos a Dios porque nuestra atención dirige nuestro afecto.

Tenemos el maravilloso potencial de disparar flechas de afecto al corazón de Dios. Si queremos que esas flechas den en el blanco, tenemos que saber dónde está el blanco.

Y si queremos que esas flechas de nuestros corazones correspondan con el de Dios, tienen que ser sinceras y verdaderas.

Eso significa que tenemos que pensar con cuidado en lo que decimos, lo que cantamos y a quién le cantamos. A veces es mejor que no digamos nada en vez de estar allí parados mintiéndole al rostro de Dios. Nuestra adoración le honraría más si solo suspendiéramos nuestro canto y volviéramos a alinear nuestros corazones con el suyo.

Creo que para que esto suceda nos tenemos que conectar con Dios antes de llegar. Esto se debe a que la adoración, a fin de cuentas, es una cosa intencional. Algo que nos proponemos hacer de corazón.

Así que la próxima vez que vengas a adorar con otros creyentes, respira profundo cuando cruces el estacionamiento. Piensa en la inmensidad del Dios al que vienes a visitar. Piensa en su amor y su gracia a medida que pasas por las puertas.

Y antes de que comience el culto de adoración, comienza a adorar en tu corazón.

La clave es venir preparado. Venir en adoración. Conectado con Dios. Manteniendo nuestra mirada en Él.

LA ADORACIÓN ES MUCHÍSIMO MÁS

Tú eres un adorador. Es lo que haces. Y tú *vas* a adorar... ¡pase lo que pase! Esa es la sencilla verdad de este pequeño libro.

Alguna cosa se va a apropiar de tu afecto. Alguien va a captar tu atención. Una cosa va a salir a la superficie de tus valores y dirigir tu vida, dirigiendo tus pasos y determinando tu destino.

Sin embargo, recibiste la invitación de Dios, invitándote a unirte a los que le glorifican con todo su ser. El Señor te está invitando a descubrir su valor infinito, dándote el privilegio de exaltarle como infinitamente digno.

Por medio de Cristo puedes respirar de nuevo; inhalando la maravilla de Dios que siempre te rodea, exhalando palabras y hechos de alabanza que reflejen todo lo que es Él.

Por lo tanto, ya sea de forma personal o colectiva, permitamos que esto marque lo que hacemos. Vamos a darle todo lo que somos.

A la editorial y al autor les encantaría escuchar sus comentarios acerca de este libro. *Por favor, comuníquese con nosotros en:* www.editorialunilit.com

Para aprender más del autor y el ministerio
de *Passion Conferences* [Conferencias de pasión],
y para ver recursos adicionales que le
animarán a ser un adorador verdadero,
inspecciona su sitio Web en
268generation.com y en **268store.com**.

GRATITUD

$\mathcal{E}$s obvio que mi viaje de adoración ha sido moldeado y disfrutado por muchos otros.

Solo para mencionar a unos pocos...

Gracias a Sam Perry y Shelley Nirider, y muchos otros que se unieron a nuestro equipo, los primeros exploradores de la adoración con Shelley y conmigo en *Choice Bible Study,* de la universidad de Baylor... el lugar en el que nacieron la mayoría de estas ideas.

Gracias a Chris Tomlin, Charlie Hall, David Crowder, Matt Redman y una hueste de otros adoradores jóvenes, amigos y colegas que pastorearán la iglesia durante los años futuros.

Gracias a todos los de la editorial Multnomah, incluyendo a Thomas Womack y el personal de «Choice Resources/Passion Conferences», en especial a mi ayudante, Jennifer Hill.

PREGUNTAS PARA DISCUSIÓN EN GRUPOS

Capítulo 1: Eso que hacemos

1. Este primer capítulo define la adoración como «nuestra respuesta a lo que más valoramos». Y «declarar lo que más valoramos». ¿Es para ti esta una nueva o mayor forma de mirar la adoración? ¿De qué maneras te hace cuestionar o volver a pensar sobre la manera en has visto antes la adoración? Habla sobre esto con franqueza.

2. Este capítulo también afirma que *todos* estamos adorando siempre. ¿Cómo te has dado cuenta de que esto es cierto en tu vida o en la de quienes te rodean? ¿Lo ves en tus decisiones y acciones en las últimas veinticuatro horas?

3. Para la mayoría de la gente que conoces, ¿qué dirías que parecen ser los objetos más comunes de su adoración, fuera de Dios?

4. ¿Cómo empezamos a decidir, de manera sincera y total, qué es lo que más valoramos en la vida? ¿Cómo «seguimos el rastro» de manera eficaz y precisa para evaluar la manera de invertir el tiempo, el afecto, la energía, el dinero, la fidelidad?

5. He aquí algunos pasajes de la Biblia para explorar y discutir juntos: Colosenses 1:15-17; Juan 1:1-3; 1 Corintios 8:5-6.

Capítulo 2: Algo más

1. ¿De qué maneras memorables has visto en tu vida que Dios te ha estado buscando? ¿Cómo has observado el funcionamiento de su «imán interno» dentro de ti? ¿Cómo has sido consciente de que Él ha colocado la eternidad en tu corazón?

2. ¿Estás convencido por completo de que Dios desea que sepas quién es Él y cómo es Él? Sí o no, ¿por qué?

3. ¿En qué tiempos de tu vida has luchado más con las preguntas de «la verdad fundamental»?

4. Habla sobre las formas en que te identificas con la siguientes afirmación de este capítulo: «A menudo nos parece que el peregrinaje a Dios es como la búsqueda

torpe y a tientas de alguien que nuestros ojos no pueden ver».

5. Piensa en todo lo que Pablo les dijo a los atenienses. ¿Qué partes de su mensaje son los más significativos para ti y por qué?

6. Algunas palabras de Dios para explorar juntos. Eclesiastés 3:11; Hebreos 1:1-3; Hechos 17:15-34.

CAPÍTULO 3: ¿POR QUÉ ES IMPORTANTE LA ADORACIÓN?

1. *La adoración es todo lo que se refiere a Dios… y Dios es todo lo que se refiere a la adoración.* Discute lo que significan para ti estas afirmaciones, y tu respuesta a ellas.

2. Sabiendo que hay una «guerra» por nuestra adoración, que un enemigo procura robar el amor que Dios ansía recibir de forma única de cada uno de nosotros, ¿cómo debe influir eso en nuestra manera de pensar sobre la adoración y nuestro enfoque de la adoración?

3. ¿En qué situaciones reconoces con más facilidad la batalla actual por tus valores y por tu adoración?

4. «Nos convertimos en lo que adoramos», ¿cómo reconociste que esto es verdad?

5. En este capítulo se nos anima a «guardar» nuestra adoración para que no la desperdiciemos «en ídolos hechos solo con la imaginación humana». ¿Cuáles son las mejores formas para proteger nuestra adoración?

6. Pasajes de la Escritura para explorar y discutir juntos: Mateo 4:1-11; Salmo 115:1-8; Apocalipsis 4:8.

CAPÍTULO 4: LO QUE DIOS MÁS DESEA PARA TI

1. ¿Cómo puede Dios pensar de forma tan favorable sobre sí mismo y no ser egoísta ni presumido?

2. Este capítulo nos recuerda que «lo que Dios más desea para ti es que tengas un Dios digno». ¿Qué más te dice esto acerca de Dios? ¿Acerca de ti?

3. ¿Qué es lo que más te ayuda a entender y apreciar cuán excelsa es la cruz? Debido a la comprensión de esto, ¿cómo has experimentado una adoración más significativa? ¿Cómo describirías el lugar que la cruz debe tener en nuestra adoración?

4. Cuando Jesús hablaba con la samaritana sobre la adoración, comenzó con las palabras: «Créeme...». En nuestra vida, ¿cuánto depende la verdadera adoración de nuestra creencia en Dios?

5. Vuelve a pensar en todo lo que Jesús le dijo a esta mujer. ¿Qué partes de su mensaje son más significativos para ti y por qué?

6. Pasajes bíblicos para explorar juntos: Juan 4:5-26; Marcos 15:33-39; Hebreos 10:22.

Capítulo 5: Únete a las filas de los verdaderos adoradores

1. Según lo que has leído hasta aquí, ¿te has encontrado moviéndote hacia una experiencia mayor o más frecuente de verdadera adoración en tu vida? ¿Qué has aprendido o redescubierto en este libro que ya esté marcando alguna diferencia en tu vida?

2. Este capítulo nos dice que Dios es el único que inicia la adoración, no nosotros. ¿Qué diferencia práctica piensas que hace?

3. En este capítulo leemos esta afirmación: «La adoración es lo que fluye de nosotros de forma espontánea cuando nos encontramos cara a cara con Él». Habla sobre las experiencias más espontáneas de la adoración que recuerdas en tu propia vida. ¿Cómo «veías» a Dios en estos tiempos? ¿Qué encontrabas que era verdad de Él?

4. Examina las diferentes frases en la definición de adorar que da este capítulo. ¿Qué partes de esta definición crees que quizá sean más importantes para que te aferres a ellas y las recuerdes?

5. Pasajes de la Biblia para explorar juntos: Salmos 95; 150.

Capítulo 6: Por lo que es, por lo que hace

1. ¿Cuáles son tus mejores respuestas a las tres preguntas con las que comienza este capítulo?: «¿Cómo rescatamos en nuestras vidas una visión más exaltada de Dios? ¿Cómo nos convertimos en los verdaderos adoradores para lo cual nos diseñaron? ¿Cómo restablecemos nuestro enfoque hacia la apreciación de cómo es Dios?».

2. ¿Qué es lo que más disfrutas de Dios?

3. ¿Cuándo has estado más cautivado y emocionado por el carácter de Dios, sobre quién es Él?

4. ¿Cuándo has estado más cautivado y emocionado debido a las acciones de Dios, debido a lo que Él ha hecho o está haciendo?

5. ¿Qué factores has encontrado que son los más importantes para proteger y fomentar la intimidad de tu relación con Dios?

6. Pasajes para explorar de la Palabra de Dios: Salmo 90:1-2; Romanos 11:33-36; Salmo 11:3; Romanos 8:15.

Capítulo 7: La adoración como un estilo de vida

1. Piensa en la palabra *servicio*. ¿Qué clase de pensamientos e impresiones, ya sean positivos o negativos, te traen a la mente?

2. ¿Qué más te motiva para desear ofrecerte por completo a Dios?

3. Este capítulo incluye esta afirmación: «La gracia requiere que nos entreguemos, colocando nuestras vidas ante este Dios misericordioso». ¿Es la gracia en verdad gracia si tiene esta o cualquier otra exigencia anexada? ¿Qué piensas?

4. ¿Cómo sabemos que honramos y agradamos a Dios de forma genuina? ¿Cómo podemos estar seguros?

5. Pasajes de la Biblia para explorar y experimentar juntos: Romanos 6:13; 12:1-2.

CAPÍTULO 8: POR MEDIO DE JESÚS A TODAS HORAS

1. ¿Por qué es tan importante guardar en nuestras mentes y en nuestros corazones el hecho de que la adoración es «por medio de Jesucristo»? ¿Por qué importa? ¿Y qué significa personalmente para ti hacer esto?

2. En el primer capítulo de este libro, exploramos la realidad de que todos adoramos a cada momento (según el significado básico y universal de «adorar»). Ahora a medida que descubrimos más sobre la verdadera adoración que complace a Dios, le vemos pidiéndonos que le adoremos «continuamente». Para ofrecerle a Dios continuamente la verdadera

adoración, ¿ayuda saber que ya estás adorando así de todos modos?

3. ¿Qué reconoces como los ajustes más importantes en tu vida para ofrecerle más continuamente adoración a Dios?

4. Pasajes de la Biblia para explorar juntos: Hebreos 13:15; Juan 14:6; 15:4-5; Colosenses 3:17.

Capítulo 9: De nuestros labios y de nuestras vidas

1. ¿Qué formas específicas de «hacer el bien» y de «compartir con otros» te ha dado Dios la oportunidad y privilegios para pasar el resto de tu vida? ¿Cómo has percibido el placer de Dios en esto?

2. ¿Qué significa adorar a Dios, o qué podría significar, en tu propio puesto de trabajo o en la escuela?

3. ¿Qué necesidades en la vida de la gente que te rodea te parecen más urgentes? ¿Qué necesidades en el mundo a tu alrededor tienden a oprimir más tu propio corazón?

4. ¿Qué «sacrificios» específicos crees que Dios te está llamando a hacer en tu vida en este momento para traerle bendiciones a Él y a la gente a tu alrededor?

5. Exploren juntos estos pasajes de la Escritura: Hebreos 13:15-16; 1 Pedro 2:5; Filipenses 2:12-16.

Capítulo 10: Una senda personal hacia la adoración

1. ¿Qué tan difícil es para ti adorar cuando estás solo con Dios? ¿Qué clase de barreras enfrentas casi siempre? ¿Qué te puede ayudar a superarlas?

2. Para vislumbrar más a Dios, este capítulo sugiere un viaje personal de treinta días usando tu Biblia, un diario en blanco y la oración básica: «Padre, por favor, muéstrame quién eres». ¿Has ensayado esta manera de acercarte a Dios? ¿Qué has aprendido?

3. Habla de una o dos facetas del carácter de Dios que han tenido más significado para ti en los últimos días. ¿Cómo llegaron a llamarte la atención? ¿Cómo has crecido en tu entendimiento de Dios?

4. ¿Qué te ayuda más a percibir que estás acercándote a Dios?

5. Pasajes de la Biblia para explorar juntos: Juan 1:18; 2 Corintios 4:6; Salmos 27:8; 67:1-2.

Capítulo 11: Muévete más allá del yo hacia el nosotros

1. Este capítulo habla de la necesidad de «ir a adorar a la iglesia». ¿Es esto algo que experimentas en tu vida? ¿Qué hace que sea más difícil (o más fácil) para ti ir a adorar en la iglesia?

2. ¿Cuándo piensas que puede ser apropiado en un ambiente de adoración colectivo permanecer en silencio y no unirse a los demás que cantan y alaban juntos a Dios?

3. ¿Cómo evitamos estar más interesados en nuestras experiencias de adoración de lo que estamos de sentir a Dios mismo?

4. Este capítulo describe un cuadro de una congregación que busca a Dios de verdad durante la semana antes de venir juntos el domingo. ¿Hasta qué grado ya está pasando esto en tu iglesia? ¿Qué puede ayudar a que esto suceda cada vez más?

5. Cuando concluimos la discusión de este libro, ¿qué es lo que más deseas decirle a Dios sobre la vida de adoración que deseas vivir? Habla con franqueza sobre esto antes de que oren juntos y expresen en realidad esos deseos a tu amoroso Padre en el cielo.

6. Exploren juntos estos pasajes de las Escrituras: Isaías 26:8; Salmos 33:1-5; 34:3; 148; Apocalipsis 4:11; 5:12.

FUENTE DE CITAS

CAPÍTULO 1: ESO QUE HACEMOS

Todas las cosas fueron creadas por medio de Dios y para Dios: Juan 1:3; Romanos 11:36; 1 Corintios 8:6; Colosenses 1:16.

CAPÍTULO 2: ALGO MÁS

El relato de Pablo en Atenas se encuentra en Hechos 17:15-34.

Dios ha puesto eternidad en nuestros corazones: Eclesiastés 3:11 (RV-60).

Jesús «vino a buscar y a salvar lo que se había perdido»: Lucas 19:10.

Jesús «el resplandor de la gloria de Dios...»: Hebreos 1:3.

CAPÍTULO 3: ¿POR QUÉ ES IMPORTANTE LA ADORACIÓN?

«Santo, santo, santo es el Señor Dios»: Apocalipsis 4:8.

«Los cielos cuentan la gloria de Dios...»: Salmo 19:1.

«Grande es el SEÑOR...»: Salmo 96:4-6.

Satanás cae como un rayo: Lucas 10:18.

Satanás exaltándose más que Dios: Isaías 14:13-15.

Cambiar «la verdad de Dios por la mentira»; «a los seres creados antes que al Creador...»: Romanos 1:25.

El relato cuando el enemigo tienta a Jesús en el desierto se encuentra en Mateo 4:1-11.

«La gloria, SEÑOR, no es para nosotros...»; «Pero sus ídolos son de oro y plata...»; «Semejantes a ellos son sus hacedores...»: Salmo 115:1-8.

Transformados a la misma semejanza de Dios (gloria) de un encuentro al otro: 2 Corintios 3:18.

Capítulo 4: Lo que Dios más desea para ti

«Para que proclamen las obras maravillosas de aquel que los llamó de las tinieblas...»: 1 Pedro 2:9.

El relato de la conversación junto al pozo entre Jesús y la samaritana se encuentra en Juan 4:1-26.

David dijo: «Puse en el SEÑOR toda mi esperanza...»: Salmo 40:1-3.

«La cruz excelsa», esta frase se usó en una adaptación de Chris Tomlin del himno clásico de adoración «La cruz excelsa al contemplar» (Isaac Watts, 1707; adaptación de Chris Tomlin en *The Noise We Make* [El ruido que hacemos], Six Step Records/Sparrow Records, 2001).

Jesús se *convirtió* en pecado y vergüenza: 2 Corintios 5:21.

El dicho del centurión: «¡Verdaderamente este hombre era el Hijo de Dios!»: Marcos 15:39.

Capítulo 5: Únete a las filas de los verdaderos adoradores

«Verdaderos adoradores»: Juan 4:23.

«Grande es el SEÑOR, y digno de toda alabanza»: Salmos 18:3; 29:2; 45:1; 48:1; 96: 4; 104:1.

Capítulo 6: Por lo que es, por lo que hace

«Desde antes que nacieran los montes... »: Salmo 90:2.

«Qué profundas son las riquezas...»: Romanos 11:33.

«¿Quién ha conocido la mente del Señor?...»: Romanos 11:34-36.

«Alcen los ojos y miren a los cielos...»: Isaías 40:26.

«Dios, en el principio, creó...»: Génesis 1:1.

«Porque desde la creación del mundo las cualidades invisibles de Dios...»: Romanos 1:20.

«Santo, santo, santo es el Señor Dios Todopoderoso»: Apocalipsis 4:8; Isaías 6:3.

«Quién es como el Señor nuestro Dios...»: Salmo 113:5-6.

Como dijo David: «todos mis caminos te son familiares»:
Salmo 139:3.

«Los cielos cuentan la gloria de Dios»: Salmo 19:1.

Las piedras que Dios ha hecho son capaces de cantar canciones: Lucas 19:40.

Su Espíritu clama dentro de nuestros corazones: «¡*Abba*! ¡Padre!»: Romanos 8:15; Gálatas 4:6. En arameo (el idioma popular usado en el tiempo de Jesús), *Abba* es un término amoroso de cercanía e intimidad que un niño usaría para su padre.

CAPÍTULO 7: LA ADORACIÓN COMO UN ESTILO DE VIDA

Pablo dice «les ruego», «por la misericordia de Dios...»:
Romanos 12:1, DHH.

«Este pueblo me honra con los labios...»: Mateo 15:8.

Dios nos ha dado la «vida y el aliento y todas las cosas»:
Hechos 17:25.

Lo «razonable» para hacer: Romanos 12:1.

Paráfrasis contemporánea, Romanos 12:1: *La Biblia al Día*.

«No son las palabras que canto, sino mi ser»: Louie Giglio, 2001.

CAPÍTULO 8: POR MEDIO DE JESÚS A TODAS HORAS

«Así que, ofrezcamos siempre a Dios, por medio de él...»:
Hebreos 13:15.

Cristo «ofreció por los pecados un solo sacrificio para siempre»: Hebreos 10:12, DHH.

Capítulo 9: De nuestros labios y de nuestras vidas

«Así que ofrezcamos continuamente a Dios, por medio de Jesucristo...»: Hebreos 13:15-16, NVI.

Lo que sale de la boca viene en realidad del corazón: Mateo 15:18.

David dice: «Bendeciré al SEÑOR en todo tiempo...»: Salmo 34:1.

«Griten al norte y al sur...»: música y letra de Martin Smith (Curious? Music/EMI Christian Music Publishing, 1995).

Capítulo 10: Una senda personal hacia la adoración

«Todos los tesoros de la sabiduría y del conocimiento»: Colosenses 2:3.

Capítulo 11: Muévete más allá del yo hacia el nosotros

La definición completa de Bruce Leafblad (según se expuso en su curso «Introducción a la música de la iglesia» en el Seminario Teológico Bautista del Sur, 1983): «La adoración es la comunión con Dios en la cual los creyentes, a través de la gracia, concentran la atención de sus mentes y el afecto de sus corazones en el Señor, glorificando con humildad a Dios en respuesta a su grandeza y a su Palabra».

Solo Él es digno: Apocalipsis 4:11; 5:12.